AF513965

ANA CAROLINA CARVALHO
JOSCA AILINE BAROUKH

LER ANTES DE SABER LER

OITO MITOS ESCOLARES SOBRE A LEITURA LITERÁRIA

2ª impressão

PANDA educação

Diretor editorial
Marcelo Duarte

Diretora comercial
Patth Pachas

Diretora de projetos especiais
Tatiana Fulas

Coordenadora editorial
Vanessa Sayuri Sawada

Assistente editorial
Olívia Tavares

Conselho editorial
Josca Ailine Baroukh
Marcello Araujo
Shirley Souza

Projeto gráfico
Marcello Araujo

Diagramação
Rafi Achcar
Carla Almeida Freire

Preparação
Beto Furquim

Revisão
Carmen T. S. Costa
Juliana de Araujo Rodrigues

CIP – BRASIL. CATALOGAÇÃO NA PUBLICAÇÃO
SINDICATO NACIONAL DOS EDITORES DE LIVROS, RJ

Carvalho, Ana Carolina
Ler antes de saber ler: oito mitos escolares sobre a leitura literária / Ana Carolina Carvalho, Josca Ailine Baroukh – 1. ed. – São Paulo: Panda Books, 2018. 128 pp.

Inclui bibliografia
ISBN 978-85-7888-535-9

1. Leitura – Estudo e ensino. 2. Interesses na leitura. 3. Crianças – Livros e leitura. I. Baroukh, Josca Ailine. II. Título.

15-27924 CDD: 028.55
CDU: 028.5

2018

Um selo da Editora Original Ltda.
Rua Henrique Schaumann, 286, cj. 41
05413-010 – São Paulo – SP
Tel./Fax: (11) 3088-8444
edoriginal@pandabooks.com.br
www.pandabooks.com.br
Visite nosso Facebook, Instagram e Twitter.

Este livro traz as vozes de muitos professores e de muitos companheiros de formação. A eles, dedicamos estas reflexões.

Sumário

Acho que o escritor volta sempre ao território da infância, que é o território do desejo de contar história. O desejo de ver o mundo convertido numa história é absolutamente vital, quer dizer, tão vital quanto comer ou dormir.

Mia Couto

A leitura, cito novamente a Emília Ferreiro, é um direito, não é um luxo, nem uma obrigação. Não é um luxo das elites que possa ser associado ao prazer e à recreação, tampouco uma obrigação imposta pela escola. É um direito de todos que, além disso, permite o exercício pleno da democracia.

Silvia Castrillón

PRIMEIRAS PALAVRAS
Um convite à reflexão

Temos visto um intenso movimento a favor da formação do leitor literário na escola, fruto de uma discussão iniciada há cerca de quatro décadas, em torno da leitura escolar em nosso país. Tal discussão propunha trazer para dentro da escola a leitura literária de maneira contextualizada, ou seja, baseada em práticas sociais.

Apesar de avanços notáveis, os livros ainda não povoam todas as escolas, especialmente no caso da educação infantil e dos primeiros anos do ensino fundamental. A lei nº 12.244, de 24 de maio de 2010, sanciona que "as instituições de ensino públicas e privadas de todos os sistemas de ensino do país contarão com bibliotecas" até 2020. Porém, segundo o Censo Escolar 2016, apenas 37% delas (67.088 escolas) contavam com bibliotecas quando o levantamento foi realizado.

A aproximação entre ensino formal e leitura literária apresenta um amplo leque de práticas didáticas que coexistem: aquelas que consideram a leitura literária como fim em si mesma – atividade que envolve o contato subjetivo com o texto, a fruição e o conhecimento desse modo de expressão, bem como o intercâmbio entre leitores – e outras práticas mais tradicionais.

Neste livro, compartilhamos nossas experiências como professoras de educação infantil e dos anos iniciais do ensino fundamental e formadoras de educadores no tema da leitura literária, principalmente a de quem ainda não lê autônoma e convencionalmente. Foram inúmeros os encontros com outros professores, com suas (e nossas) ansiedades, dúvidas, desejos de acertar e tropeços em relação ao trabalho de formação de leitores.

Como base do diálogo que propomos, trazemos aqui os relatos de formação que nos possibilitaram tecer nossa posição a respeito do ensino de leitura literária desde cedo. Acreditamos que tais relatos iluminam e revelam muito do que se faz com a literatura em sala de aula. Conhecer essas práticas permite questionamentos que podem nos fazer avançar nesse campo.

Nas próximas páginas, convidamos você, leitor, a refletir sobre suas práticas na seara do ensino de leitura literária. Acreditamos que a constante reflexão sobre o fazer e as concepções que o embasam são a saída para a qualificação do ensino e, portanto, das aprendizagens das crianças em nosso país.

LEITURA LITERÁRIA NA ESCOLA

Certa palavra dorme na sombra de um livro raro.
Como desencantá-la?
É a senha da vida
A senha do mundo.
Vou procurá-la.

Carlos Drummond de Andrade

Atualmente, a leitura é um dos principais assuntos da escola e tem estado presente – talvez como nunca – no contexto de nosso país: nos cenários de formação de professores; nos meios universitários que se dedicam a pesquisas nos âmbitos escolares; em programas de incentivo à leitura subsidiados pelos governos nas esferas federal, estadual e municipal. A tarefa de formar leitores em todas as etapas da educação básica tem sido ampla e profundamente discutida em debates, em torno de pesquisas, na mídia e nos meios acadêmicos. Embora tenhamos avançado, ainda há muito a percorrer.

Formar leitores é um desafio, a despeito de tantos esforços em relação a essa função fundamental da escola. Na educação infantil e nos anos iniciais do ensino fundamental, nos deparamos com um público que, por muito tempo, acreditou-se não ser possível ou necessário ter acesso direto aos livros. Como formar leitores entre aqueles que ainda não leem por conta própria?

Mas, o que significa formar leitores? O processo de formação de leitores envolve, antes de mais nada, uma mudança de perspectiva na vida de uma pessoa, que passa a ter acesso a muitas informações em um mundo letrado. Ainda que atualmente muito do que conhecemos nos alcance por meio das mídias audiovisuais eletrônicas, reconhecemos que a escrita ocupa um lugar importante em nossa cultura. O fato de ser ou não ser alfabetizado possui relação direta com o próprio modo de pensar do sujeito. Segundo o psicólogo e pesquisador russo Lev Vygotsky, o aprendizado da linguagem escrita desempenha grande salto no desenvolvimento de uma pessoa:

> [...] a linguagem escrita é um sistema particular de símbolos e signos cuja dominação prenuncia um ponto crítico em todo o desenvolvimento cultural da criança. Um aspecto desse sistema é que ele constitui um simbolismo de segunda ordem que, gradualmente, torna-se um simbolismo direto. Isso significa que a linguagem escrita é constituída por um sistema de signos que designam os sons e as palavras da língua falada, os quais, por sua vez, são signos das relações e entidades reais. Gradualmente esse elo intermediário (a linguagem falada) desaparece e a linguagem escrita converte-se num sistema de signos que simboliza diretamente as entidades reais e as relações entre elas. (VYGOTSKY, 1998, p. 140)

O escritor Ricardo Azevedo (2003, p. 6) afirma:

> É preciso dizer que as implicações cognitivas impostas pela aquisição da escrita e da leitura são fatores a serem levados em conta. Pesquisas iniciadas por Luria, e estudos recentes de psicólogos e antropólogos como Walter Ong, David Olson, J. Peter Denny e Jack Goody, entre outros, mostram que certas características normalmente atribuídas às crianças reaparecem em adultos provenientes de culturas ágrafas. Isso quer dizer que atributos como a capacidade de descontextualização, o pensamento abstrato e o pensamento por silogismos não têm necessariamente a ver com etapas do desenvolvimento cognitivo infantil, mas sim com um certo tipo de cognição, em suma, com determinados modos de ver e captar a vida e o mundo.

Além de ser esse divisor de águas em relação à maneira de pensar, o contato com a linguagem escrita aproxima o sujeito de grande diversidade de textos, de informações e de modos de se relacionar com tudo o que é produzido pela cultura escrita. O jornalista e escritor Alberto Manguel (2006, p. 89) reitera essa ideia. Em seu livro *Uma história da leitura*, ele escreve:

> Em todas as sociedades letradas, aprender a ler tem algo de iniciação, de passagem ritualizada para fora de um estado de dependência e comunicação rudimentar. A criança, aprendendo a ler, é admitida na memória comunal por meio de livros, familiarizando-se assim com um passado comum que ela renova, em maior ou menor grau, a cada leitura.

A formação de leitores implica oferecer condições ao sujeito para circular com autonomia pelas leituras, compreendendo a função social dos textos, entendendo-os e formando uma opinião a partir daquilo que lê. Estamos falando da formação de leitores críticos, que têm acesso aos textos e selecionam informações, conseguem avaliar o que é pertinente nas diferentes fontes, um leitor que estabelece relações entre aquilo que lê, confronta dados e tira suas conclusões. Acreditamos que esse leitor se torna apto a expressar suas opiniões, argumentando seus pontos de vista.

PROPÓSITOS LEITORES

Não lemos todos os textos da mesma maneira e nem com os mesmos propósitos. Pode-se ler para estudar, por exemplo, como acontece com textos informativos e científicos; ler para se divertir ou para se emocionar, como costuma acontecer com a leitura de ficção ou de poesia; ler para se informar, como se faz com textos jornalísticos; ler para dramatizar, caso dos roteiros de teatro e cinema. Na tarefa de formar leitores, precisamos dar conta desses propósitos, que devem fazer parte do cotidiano escolar de maneira contextualizada e com sentido. ■

Nem sempre se pensou a leitura na escola desse modo. No Brasil, ela passou por um forte questionamento na década de 1980. Até então, a leitura na escola estava a serviço de uma alfabetização baseada na decodificação. Ou seja, para ser alfabetizado, bastava juntar letras, sílabas, palavras. A leitura apoiava a alfabetização por meio da oferta de textos simplificados, fora de contextos sociais, produzidos unicamente para fins didáticos, apresentados nas cartilhas.

Emília Ferreiro, psicolinguista argentina que pesquisou os mecanismos pelos quais as crianças aprendem a ler e escrever, apontou a dificuldade que tais textos apresentam àqueles que estão se apropriando do sistema de escrita alfabético. A repetição da mesma sílaba, tão presente nos textos das cartilhas, por exemplo, é um complicador para crianças que têm a hipótese de que, para que algo esteja escrito, é necessário que haja uma variação de letras.

Para os alunos já alfabetizados, muitas vezes, a leitura era utilitarista, vista como meio para se ensinar determinado conteúdo, para treinar a fluência da leitura em voz alta sem preocupação com a compreensão leitora, para moralizar ou, ainda, para "formar a consciência" dos leitores, impingindo uma interpretação única.

No Brasil, Marisa Lajolo escreveu, no início da década de 1980, o célebre artigo "O texto não é pretexto", no qual critica as práticas de leitura literária comumente encontradas nas escolas daquela época, na maioria das vezes maçantes e muito distantes das práticas sociais, que devem envolver, antes de tudo, um encontro entre o que está escrito e quem lê. Embora escrito há quarenta anos, a leitura do texto nos remete a práticas recorrentes encontradas ainda hoje em muitas salas de aula. A atualidade desse tema mostra o quanto as transformações no âmbito da educação escolar ocorrem a passos lentos.

Na década de 1980, momento de abertura política em nosso país, as ideias dessas pensadoras, entre outros tantos autores, produziram um intenso movimento que propunha tratar a leitura na escola atrelada aos seus usos sociais, sem pretextos pedagógicos que a escamoteassem, resguardando os propósitos leitores e as especificidades dos textos.

Como já afirmamos, ainda hoje é comum que as práticas de leitura contradigam esse movimento. É frequente encontrar na prática escolar textos elaborados apenas para uso interno, com o único fim de ensinar a ler, destituídos de sentido. Ou a utilização de bons textos literários a serviço do ensino da gramática, como quando um poema de Manuel Bandeira é usado apenas para que o aluno encontre (e sublinhe) os adjetivos. Muitas vezes, ainda, os textos literários são usados com fins moralistas, utilitaristas. Isso fica claro quando, ao final da leitura de um conto tradicional, como "Três porquinhos" ou "Chapeuzinho Vermelho", em vez de o professor propor uma conversa sobre o que as crianças sentiram – como o medo do Lobo Mau –, ele destaca que não se deve desobedecer aos pais (como Chapeuzinho) e que não se deve ser preguiçoso (como os porquinhos que perderam as casas de palha e de madeira). Em suma, em vez de conversar sobre como o texto nos toca, o foco é o que o texto supostamente ensina.

Outro aspecto recorrente é que, em geral, o ensino formal preconiza uma única interpretação, quando sabemos que o sentido atribuído não está apenas no texto, mas na relação que cada leitor estabelece com ele, com base em sua história de vida e de leituras, no momento histórico e na cultura em que está inserido. A leitura é um processo de produção de sentidos, em que o leitor não apenas reproduz ou reconstrói o sentido supostamente pretendido pelo autor. Ela é fruto de uma ação do leitor, que imprime sentidos pessoais ao que lê, por meio de um trabalho criativo: o leitor é coautor do texto.

Também é comum estabelecer que os alunos leiam de uma única maneira, solicitando, por exemplo, que leiam todos os textos do início ao fim, sem considerar como cada texto convoca o leitor. Diante de um jornal, lemos as manchetes, escolhemos os cadernos e as notícias que nos interessam. Não é comum ler um jornal de cabo a rabo. Já um romance precisa ser lido do início ao fim, mas o leitor pode pular páginas, se assim o desejar.

A escola é lugar de circulação de vários tipos de textos: ficção e não ficção. Sem desmerecer todo o acesso que a diversidade de textos promove, escolhemos como tema deste livro a formação de leitores literários. Leitores que podem navegar por romances, contos, novelas, peças de teatro, fábulas, mitos e lendas, narrativas de aventura e de enigma, biografias romanceadas, crônicas, poemas, enfim, um largo espectro de gêneros textuais.

O mercado editorial oferece uma variedade imensa de títulos de literatura, nos quais estão incluídos *best-sellers*, reedição de clássicos, adaptações, lançamentos de autores novos ou consagrados.

Essa variedade de títulos é acompanhada por uma diversidade de leitores e de propósitos leitores. A leitura não é uma seara onde cabe a censura. Cada leitor tem o direito de se encantar e escolher seus gêneros e autores. Entretanto, acreditamos que o acesso a textos de qualidade é importante para a formação de novos leitores, já que eles precisam conhecer para poder escolher. Falar de qualidade de textos, de ilustrações e de livros não é assunto simples, exige reflexão e definição de padrões que trataremos ao longo do livro. Por isso, a seleção de livros a serem apresentados às crianças é uma importante tarefa da escola.

A leitura literária de textos de qualidade pode oferecer momentos de respiro em nossa realidade. Toda ficção é uma criação sobre o humano: o material da literatura é a vida em suas várias manifestações. A literatura possibilita o conhecimento de vidas que não as nossas, enriquecendo nossas perspectivas. Ler é envolver-se nas tramas de uma história, viver as agruras e as conquistas de diferentes personagens, rir, chorar, ficar com raiva, surpreender-se, apoiar, discordar dos trajetos da narrativa. A leitura literária pode ser uma ação libertadora e singular para cada leitor.

Ao entrar em contato com os diversos gêneros literários que circulam na escola, o leitor dialoga, à sua maneira, com aquilo que ele vive e que encontra expresso na estética e poética de cada autor. É um encontro muitas vezes intenso, pois a literatura convoca a subjetividade do leitor. Ela o toca e emociona, fazendo-o pensar sobre si, sobre a vida e a morte, sobre seus sentimentos, de maneira singular.

Por que dedicar tanta atenção à leitura literária na escola? Acreditamos que a fruição é o grande objetivo da literatura e que a escola deve garantir momentos dedicados a ela. Segundo o dicionário *Houaiss* (2009), *fruição* significa "ato de aproveitar satisfatória e prazerosamente alguma coisa". Então, fruição do texto literário significa aproveitá-lo e embarcar sem amarras no encanto que ele proporciona. Também sabemos que quanto mais conhecemos sobre os textos e sobre o mundo, mais ampla é a rede que podemos tecer em cada leitura. Sendo a literatura uma expressão cultural tão significativa, é importante apresentar a variedade de textos produzida por diferentes culturas e as inúmeras relações que podem existir entre eles.

Vejamos uma analogia com o que acontece na fruição de uma obra de arte. Estar diante de uma pintura de Alfredo

Volpi é uma experiência diferente para cada um. Além disso, conhecer a vida do artista, a relação que ele tinha com o ofício, a conjuntura política e cultural e os movimentos artísticos da época, certamente traz mais elementos para a apreciação da obra.

Do mesmo modo, conhecer os gêneros literários e suas características, o contexto de produção de uma obra, a conjuntura política e cultural da época, a biografia, os gostos e o estilo do autor ampliam a possibilidade de relações estabelecidas entre o leitor e a obra – e o repertório literário pode expandir a compreensão e a construção de sentidos do leitor. Tomemos um exemplo sobre intertextualidade. Ricardo Azevedo (2007) escreveu "Quadrilha da sujeira", breve poema narrativo cujos personagens são: João, Teresa, Raimundo, Joaquim, Lili e J. Pinto Fernandes. Conhecendo a trajetória do autor, pesquisador da cultura popular de nosso país, pode-se inferir que o texto esteja relacionado às tradições populares brasileiras. Quadrilha é uma das danças típicas da festa junina. Ampliando ainda mais: quem conhece a obra de Carlos Drummond de Andrade, facilmente estabelece a relação entre o texto de Ricardo Azevedo e o poema "Quadrilha", de Drummond (2001). Os personagens e a estrutura do texto – que apresenta uma troca constante, como acontece na dança de quadrilha – são os mesmos! E quem não conhece essas referências? Também aprecia o texto, mas deixa de perceber o diálogo entre os dois autores.

Para estabelecer essas relações, os estudantes precisam ter acesso aos livros. A presença da literatura na escola e sua importância para a vida das pessoas têm sido foco de atenção da sociedade. Em relação à educação, foram implementadas inúmeras políticas públicas, em especial ao longo das duas últimas décadas. Pouco a pouco, esse discurso tem penetrado na escola e contagiado professores e educadores em geral. Podemos dizer que, como nunca, a literatura está na escola, por meio da organização de espaços de leitura, da ampliação do acervo, do acesso aos livros e de mediação de leitura.

Atualmente, na escola há o desejo de oferecer um encontro genuíno entre o texto literário e os alunos, embora nem sempre sustentado em práticas efetivas. Pretende-se ensinar, e espera-se que os alunos aprendam. No caso da leitura literária, como descobrir o que os alunos aprenderam?

> Dá para medir a relação dos estudantes – ou de qualquer pessoa – com o texto literário? O que acontece quando lemos literatura? Para que caminhos ela pode nos levar? Que conhecimentos, pensamentos, experiências acionamos? Será que nós mesmos, enquanto leitores, temos consciência de tudo o que pensamos quando entramos em contato com a literatura? Como ela nos emociona, de que maneira nos toca? Temos consciência de algumas coisas, mas não de todas.[1]

O LIVRO NA ESCOLA

O fomento à leitura vem se consolidando como uma área de atuação de políticas públicas no Brasil. As primeiras ações federais, como o Programa Salas de Leitura, iniciaram-se nos anos 1980. Daí em diante, houve a criação de programas federais como o

1 Trecho originalmente publicado no artigo "Que conversa é essa depois da leitura?", de Ana Carolina Carvalho (2014).

Programa Nacional de Incentivo à Leitura (Proler), em 1992; o Programa Nacional Biblioteca da Escola (PNBE), em 1997; o Plano Nacional do Livro e Leitura (PNLL), em 2006; e o Pacto Nacional pela Alfabetização na Idade Certa (PNAIC), em 2012 (IZUMI, 2015).

Segundo o sítio do MEC (BRASIL, 2015),

> O PNBE tem o objetivo de promover o acesso à cultura e o incentivo à leitura nos alunos e professores por meio da distribuição de acervos de obras de literatura, de pesquisa e de referência. O atendimento é feito em anos alternados: em um ano são contempladas as escolas de educação infantil, de ensino fundamental (anos iniciais) e de educação de jovens e adultos. Já no ano seguinte são atendidas as escolas de ensino fundamental (anos finais) e de ensino médio. Hoje, o programa atende de forma universal e gratuita todas as escolas públicas de educação básica cadastradas no Censo Escolar.

O PNLL tem como meta o acesso de todo cidadão ao livro e à leitura. Trata-se de um conjunto de projetos, programas, atividades e eventos na área do livro, leitura, literatura e bibliotecas em desenvolvimento no país. O plano implanta e moderniza bibliotecas, concede bolsas e prêmios literários a escritores e cria Pontos de Leitura.

O PNAIC, por sua vez, é um compromisso formal assumido pelos governos federal, do Distrito Federal, dos estados e municípios de assegurar que todas as crianças estejam alfabetizadas até os oito anos de idade, ao final do terceiro ano do ensino fundamental. Suas ações organizam-se em quatro eixos de atuação: formação continuada presencial para os professores alfabetizadores e seus orientadores de estudo; materiais didáticos, obras literárias, obras de apoio pedagógico, jogos e tecnologias educacionais; avaliações sistemáticas; gestão, mobilização e controle social.

No que diz respeito à literatura, o Fundo Nacional de Desenvolvimento da Educação (FNDE) adquire livros, que são enviados para a sala de aula, para apoiar a alfabetização dos estudantes no âmbito do PNAIC.

Há, ainda, vários planos municipais e estaduais do livro e da leitura, que contribuem para a construção de salas de leitura e bibliotecas escolares. ■

Eis o paradoxo: a escola se propõe a medir o ensino de algo subjetivo como a leitura literária, um terreno em que cada sujeito trilha seu próprio e singular percurso, sem lugar para certo ou errado. É algo que escapa ao controle escolar usual, que se expressa por meio de notas e conceitos. Então, quais critérios usar para esta avaliação? Como o professor pode ter acesso à relação do aluno com a literatura?

A grande maioria dos professores que conhecemos costuma buscar indicadores visíveis para a avaliação do encontro do aluno leitor com a literatura: a fluência da leitura em voz alta, a compreensão do conteúdo da história (muitas vezes, considerando apenas um ponto de vista), seja por meio do desenho, da dramatização ou da escrita ou ainda da famigerada "prova do livro". Mas esses indicadores não dão conta da complexidade das relações que se estabelecem durante a leitura literária.

O professor deve tratar a leitura literária dos alunos como a tratamos na vida, avaliando as ações que os alunos estabelecem quando leem, ou seja, considerando comportamentos leitores. Sabemos que isso exige que o professor seja um leitor proficiente, tenha consciência de seus comportamentos leitores e os partilhe intencionalmente com seus alunos, assumindo seu papel de modelo. Isso implica, também, muita observação e registro das rodas de troca de impressões e opiniões depois da leitura compartilhada ou individual; a história e trajetória de leitura de cada aluno, suas preferências, escolhas; os comentários e as indicações; escrita de dicas de leitura e resenhas.

Em nossas andanças como formadoras de professores e de gestores escolares, temos notado que o discurso em relação à formação de leitores literários já está bastante absorvido pela maioria dos educadores, mas na prática, a situação ainda costuma ser bem diferente. Isso nos remete a como os professores viveram a leitura literária em suas vidas, inclusive na escola. O desejo de acertar é sempre grande, mas a experiência vivida aliada à falta de referências de como tratar o tema muitas vezes faz com que práticas antigas persistam.

No antigo modelo escolar que muitos dos professores frequentaram, não se considerava a formação de leitores ativos, que estabelecem uma relação singular e pessoal com o texto, escolhem e pensam sobre o que leem, compartilham suas leituras. Há ainda muitos professores que precisam percorrer um longo caminho para se descolarem de suas vivências enquanto alunos e se aventurarem em práticas desconhecidas em sala de aula, criando novas estratégias, experimentando novos modos de tratar a leitura literária.

COMPORTAMENTO LEITOR

Comportamentos leitores são as ações daqueles que leem. Por exemplo, antes de ler, escolher o livro a partir da capa, do texto de orelha ou de contracapa, ou ainda com base no autor, no tema, em recomendações de amigos ou por causa de um filme assistido; folhear o livro, passeando os olhos para conhecer o texto. Durante a leitura, marcar, anotar ou ler em voz alta trechos significativos, a fim de compartilhar com alguém; reler partes do livro. Após a leitura, comentar o livro, trocar opiniões com outros leitores, indicar a leitura, fazer resenhas. ■

Em encontros de formação e visitas a escolas, frequentemente observamos práticas de leitura calcadas no antigo modelo escolar, realizadas como se fossem verdades absolutas, inquestionáveis. A persistência e a força dessas práticas nos leva a chamá-las de mitos. Segundo o dicionário *Houaiss* (2009), uma das acepções da palavra *mito* é "construção mental de algo idealizado, sem comprovação prática; ideia, estereótipo". Percebemos que discutir esses mitos durante as formações promoveu uma mudança positiva no trabalho com a leitura literária. Selecionamos oito desses exemplos recorrentes para tratar. Vamos a eles!

Visitando oito mitos escolares

Nas próximas páginas, discutiremos algumas práticas recorrentes de leitura literária que têm seu lugar garantido no dia a dia da educação infantil e dos anos iniciais do ensino fundamental e que muitas vezes parecem naturalizadas. Sempre se fez assim e funcionou, portanto, continuemos a fazê-lo. Funcionou para quem? De que modo? São o que chamamos de mitos escolares, pseudoverdades que estão impregnadas nas escolas e que, se não forem visitadas e criticamente analisadas, impedirão as transformações necessárias para a formação de alunos leitores.

Vamos analisar como surgiram essas práticas, a que concepções estão atreladas e o que é necessário propor em termos da formação dos professores para que possam pensar em alternativas a elas. Os mitos não estão apresentados em ordem de importância e muitas vezes se entrelaçam – não há fronteiras claras entre eles.

1. Para as crianças pequenas é melhor contar do que ler histórias.
2. Livro na mão do aluno some ou estraga.
3. Na educação infantil, é preciso escolher livros fáceis.
4. É preciso poupar as crianças dos horrores do mundo.
5. Livro bem colorido: é disso que os pequenos gostam.
6. Conversar é pouco: sempre é preciso fazer uma atividade depois de ler.
7. Na escola, quem escolhe a leitura é o professor.
8. Ler é sempre prazeroso.

PRIMEIRO MITO

Para as crianças pequenas é melhor contar do que ler histórias

Anne-Marie fez-me sentar à sua frente, em minha cadeirinha; inclinou-se, baixou as pálpebras e adormeceu. Daquele rosto de estátua saiu uma voz de gesso. Perdi a cabeça: quem estava contando? O quê? E a quem? Minha mãe ausentara-se: nenhum sorriso, nenhum sinal de conivência, eu estava no exílio. Além disso, eu não reconhecia a sua linguagem. Onde é que arranjava aquela segurança? Ao cabo de um instante, compreendi: era o livro que falava.

Jean-Paul Sartre

Ao longo de todos esses anos trabalhando como formadoras de professores da educação infantil e dos anos iniciais do ensino fundamental, ouvimos muitas vezes essa afirmação. Pensamos que este é um dos mitos mais fortes da escola. Ainda vemos poucos livros nas salas de educação infantil e muitas justificativas sobre a dificuldade de se colocar as crianças menores em roda para ouvir uma história lida.

Os professores frequentemente afirmam que elas têm pouca concentração, que as narrativas escritas são muito complexas, apresentando palavras difíceis e expressões desconhecidas. Por isso é melhor contar uma história de modo simplificado do que lê-la em um livro. As histórias contadas, ou narrativas orais, possuem linguagem mais acessível e envolvem mais as crianças, principalmente quando os professores lançam mão de recursos como fantasias, fantoches, objetos de cena, músicas. Será mesmo? E será que tanto faz para as crianças que leiamos ou contemos uma história, uma vez que ambas são formas de aproximação com a literatura?

Evidentemente há muitos pontos de contato e semelhanças entre essas duas formas de abordar as narrativas: ler e contar. A começar pela possibilidade de exercício da imaginação que as histórias promovem e de identificação do ouvinte com os enredos e personagens, sem deixar de lado o fato de serem situações que envolvem uma experiência afetiva rica entre adultos e crianças, que demanda emoção e sentimentos dos dois lados, tanto do adulto que lê ou conta, quanto da criança que ouve.

Ainda, o contato com as histórias insere a criança no contexto maior dessa produção humana que existe desde que o homem inventou a linguagem e começou a contar histórias para falar de si mesmo e do mundo.

Percebemos ainda uma relação intrincada entre as histórias contadas e a busca por seus enredos nos livros, o que reforça a necessidade de ambas as formas estarem presentes no cotidiano escolar. O escritor e contador de histórias Ilan Brenman, em seu livro *Através da vidraça da escola – formando novos leitores*, revela que certa vez, depois de contar histórias para um grupo de crianças, elas lhe pediram que voltasse mais vezes. Sem saber quando isso aconteceria, combinou que deixaria livros para que pudessem visitar as histórias que haviam conhecido naquele dia. Ele nem bem tinha terminado de falar, as crianças correram para os livros.

Esse caso exemplifica como uma história ouvida – seja por meio da narração oral ou da leitura em voz alta pelo professor – pode ser a chave ou o estímulo para que a criança, mais tarde, busque o livro para recuperar aquela experiência. Em parte, ela a encontrará, pois reaverá o enredo; em parte viverá algo muito diferente: a intimidade solitária com o livro, o encontro de novas expressões, e o fato inexorável de que nunca somos os mesmos quando retornamos a uma leitura ou a uma história. No mínimo, já fomos modificados por ela uma vez.

Se há pontos de aproximação, há também pontos de fuga entre ler e contar histórias. Aprendizagens muito distintas estão em jogo. Para começo de conversa, quando contamos uma história, usamos a linguagem oral. Dependendo das circunstâncias, modificamos nosso modo de contar, acrescentamos novas palavras, retiramos outras, utilizamos expressões típicas da fala, gírias, fazemos relações com situações de nossa época, por exemplo. A criança aprende que a linguagem oral tem mobilidade – é permeável à situação em que está inserida e pode mudar de acordo com quem e para quem se conta a história. Quando se conta uma história ou se lê um livro sem ilustrações, o ouvinte – no nosso caso, a criança – a imagina: cria mentalmente cenários, personagens, climas.

Com a linguagem escrita é diferente. O texto é sempre o mesmo, independentemente de quem e quando se lê. A linguagem escrita é fixa, estável. A criança, desde tenra idade, aprende que encontrará sempre as mesmas palavras e frases quando alguém abre o livro diante dela e passa a lê-lo em voz alta. O caráter fixo do texto proporciona uma referência cultural e linguística da qual ela poderá se valer em suas produções escritas – seja oralmente, com alguém como escriba, seja grafando autonomamente.

É importante lembrar que a leitura em voz alta é a transmissão vocal de um texto escrito e não se configura em leitura para quem ouve. Por meio da transmissão vocal, a criança descobre a função da língua escrita e algumas de suas especificidades, como a precisão do vocabulário e a maneira como se organiza cada gênero. O benefício da transmissão oral do texto é que ela apresenta a cultura escrita e sua diversidade para as crianças, introduzindo-as no mundo letrado, o que pode incentivar a aprendizagem da leitura. Por meio da leitura em voz alta, os ouvintes têm acesso ao sentido do texto, mesmo sem saber ler.

Além de ler diariamente para as crianças, é preciso considerar a necessidade de terem contato direto com os livros, de forma a poder investigá-los, levantando suas hipóteses e validando-as ou não. Por isso, é fundamental que haja atividades permanentes de biblioteca, em que as crianças tenham a oportunidade de manusear os livros, para que possam reencontrar uma história lida pelo professor, apreciar as ilustrações, escolher o livro ou outra publicação que queiram ler ou explorar melhor.

É PRECISO FANTASIA?

Uma prática recorrente na educação infantil é o uso de fantasias na hora de ler ou contar uma história para as crianças. Há a crença de que, fantasiado, o professor vai conseguir chamar a atenção das crianças, fazendo-as se interessarem mais pelo enredo. Pensamos que aqui pode residir uma desconfiança em relação ao poder de encantamento de um texto lido ou falado. Uma desconfiança em relação ao poder da palavra, como se a história não bastasse para que as crianças se concentrem naquele momento. Com um bom livro em mãos ou com uma boa história, belamente narrada, não será preciso chamar a atenção das crianças com nenhum elemento a mais: a imaginação e a fruição que a história proporciona já dão conta – e muito – da experiência. ■

Leitores, certamente!

É comum as crianças se apropriarem de textos que ouvem repetidas vezes. E como gostam de ouvir as mesmas histórias! Chegam a repetir o texto escrito de memória, reproduzindo o ato da leitura, ainda que sem saber decodificar o texto – leitores em formação.

Aos dois anos, Teresa tinha dois livros favoritos, que sabia de cor (de coração). Um dia, sua mãe fez uma brincadeira: com um dos livros em mãos, começou a contar o texto do outro. Imediatamente, Teresa se levantou e pegou o livro que tinha o texto que estava sendo recitado pela mãe, dizendo: "É este, mamãe!".

Também é muito frequente que as crianças que conhecem um texto de cor reclamem quando se muda uma palavra. Logo dizem: "Tá errado! Não é assim!". Isso mostra o conhecimento que vão adquirindo acerca da permanência da linguagem escrita: não importa a situação, o texto escrito é sempre o mesmo.

Entretanto, ainda que o texto seja sempre o mesmo, aquele que lê em voz alta imprime sua interpretação por meio da entonação de voz, das pausas, do ritmo e da ênfase em certas palavras. Por tudo isso, existe uma diferença entre ouvir uma história lida e encontrar silenciosamente o texto – este último, entendido como leitura autônoma.

Muitas vezes, percebemos uma confusão entre ler e contar – e a presença do livro, objeto cultural, nos dois casos. Já presenciamos situações em que professores contavam história sem ler o texto, utilizando apenas as ilustrações como apoio. Ao fazer isso, o adulto descaracteriza as duas situações. No caso da leitura, suprime o trabalho do escritor, a relação do ilustrador com o texto e a permanência da linguagem escrita. No caso de contar, as imagens do livro subtraem o livre exercício da imaginação – um dos atributos do ouvir histórias.

Reafirmamos a importância da existência e constância das três maneiras de apresentação das narrativas às crianças de qualquer idade: a transmissão oral da história, o que chamamos muitas vezes de "contação", e que deve ser feita sem a presença do livro; a leitura em voz alta feita pelo professor ou por outra criança mais experiente; e o contato direto com os livros, mesmo quando as crianças ainda não leem convencionalmente – tema que trataremos adiante. Essas práticas devem ser atividades permanentes na rotina de todas as escolas de educação infantil e ensino fundamental.

A linguagem escrita e os bebês

No caso das crianças bem pequenas, o contato com a estabilidade da linguagem escrita redunda em outras aprendizagens. O psicanalista francês René Diatkine (apud BRESCIANE, 2006) foi um dos especialistas que se debruçou sobre essa questão. Ele e seu grupo de pesquisadores afirmaram que o retorno ao mesmo texto escrito pode trazer a noção de algo que a criança pequena ainda não construiu dentro de si: a permanência dos objetos.

Para os bebês, por exemplo, quando sua mãe se ausenta, não há a ideia de que mais tarde ela retornará, o que causa angústia. O retorno ao mesmo texto escrito, de tempos em tempos, vai ajudando a criança a construir a noção de estabilidade, de retorno e de permanência.

Vários pesquisadores, entre eles a psicóloga francesa Marie-Claire Bruley, a especialista brasileira em cultura da infância Lydia Hortélio e o colombiano radicado na França, doutor em linguística e mestre em filosofia e psicologia Evelio Cabrejo Parra, afirmam que os adultos utilizam uma linguagem simples e factual para se comunicar cotidianamente com os bebês, referindo-se ao que está acontecendo no presente. Dizemos com frequência: "tá com fome"; "tá com frio"; "vamos trocar a fralda"; "que sono!"; e por aí vai...

O contato com os textos literários, e incluímos aqui tanto os de tradição oral – canções, parlendas, acalantos, brincos – quanto os autorais, constitui a primeira aproximação de bebês e crianças muito pequenas com textos narrativos mais complexos. Não importa tanto aqui o que os bebês entendem, mas sim o contato com a língua, com a sonoridade, sua musicalidade, e a riqueza da construção de nossa linguagem verbal.

A APROXIMAÇÃO DA CRIANÇA COM A LINGUAGEM DEVE SER GRADUAL – DO MAIS SIMPLES AO MAIS COMPLEXO?

Na década de 1980, as ideias de Emília Ferreiro (2002) aportaram em nosso país. Por meio de seus estudos com crianças a partir dos três anos, a pesquisadora concluiu que elas pensam sobre e investigam ativamente a escrita, porque vivem em um mundo letrado, em uma cultura construída sobre a escrita. Um novo paradigma se estabeleceu, colocando em xeque a concepção empirista que justificava o uso de cartilhas na alfabetização.

O empirismo baseia-se na premissa de que as crianças são páginas em branco e aprendem por acumulação e de forma transmissiva e, por isso, os conteúdos devem ser apresentados do mais simples ao mais complexo. Nessa perspectiva, para aprender a ler e escrever, o aluno deve conhecer as letras individualmente, depois as famílias silábicas – que juntam duas letras apenas –, em seguida, palavras formadas por sílabas simples e finalmente frases com essas palavras. Não é preciso dizer que tais frases soltas não fazem parte do repertório cotidiano.

Por exemplo, para a família do B, propõe-se às crianças a leitura da frase "A bebê baba na babá". Entretanto, estudos revelaram que a repetição de sílabas nas palavras e a descontextualização da frase complicam a compreensão da criança sobre o sistema de escrita. A língua é complexa e assim deve ser apresentada à criança: em seus usos sociais, sem artificializá-la.

A crença de que a leitura de narrativas escritas, por apresentarem uma linguagem diversificada e complexa, não é adequada para as crianças até que estejam plenamente alfabetizadas justifica erroneamente a ausência de livros e de leitura em voz alta para os grupos da educação infantil e anos iniciais do ensino fundamental. Muitos professores optam por contar as histórias de forma simplificada, usando apenas palavras "fáceis" e "conhecidas".

É hora de mudar. ■

DIÁRIO DE FORMAÇÃO

Ler e ouvir histórias

Formador: Josca
Grupo de coordenadores pedagógicos da educação infantil.
São Paulo, 2007

Para discutir com as coordenadoras pedagógicas a diferença entre ler e ouvir uma história usei como estratégia a leitura silenciosa do poema "Num meio-dia de fim de primavera", de Alberto Caeiro, um dos heterônimos de Fernando Pessoa (1997); sua declamação por Maria Bethânia (CD "Maricotinha ao vivo"); e fiz a leitura em voz alta do poema. Coletivamente, fomos percebendo as diferenças entre as três situações:

Ler autonomamente	Ouvir a transmissão vocal do texto	Ouvir um contador de histórias ou um declamador
• É um ato solitário, um encontro entre o leitor, o autor e o texto.	• A leitura com ritmo ajuda o ouvinte a entender o poema.	• O declamador transforma o texto, pula algumas estrofes, muda a sequência de alguns versos – recria o texto.
• Uma conversa pessoal com o texto, sem intermediários.	• O leitor apropria-se, coloca sua voz como intermediário entre o texto e o ouvinte. Mas mantém um compromisso com o que está lendo: não muda as palavras, não muda o texto.	• A apresentação da história ou do poema encanta, há encenação, ritmo etc.

Ler autonomamente	Ouvir a transmissão vocal do texto	Ouvir um contador de histórias ou um declamador
	• O ouvinte amplia seu repertório e seu conhecimento, aprende a ouvir e tem a oportunidade de perceber a permanência do texto escrito.	• O ouvinte amplia seu repertório e seu conhecimento e aprende a ouvir.

Avançamos, discutindo que ler é compreender, construir sentidos, atribuir significados. Como diz Frank Smith (2003), lemos com o que temos por trás dos olhos, usando nossa cultura e o conhecimento que possuímos sobre o assunto – época, momento histórico, moda, profissões, decoração etc. Ler é um ato complexo, que envolve:

- **Saberes sobre a escrita;**
- **Saberes sobre os conteúdos;**
- **Impressões pessoais.**

Foi um encontro muito produtivo, no qual aprofundamos nosso olhar sobre as diferenças entre essas maneiras de aproximação com o texto escrito. Ficou claro que todas são importantes, ao mesmo tempo que são diferentes.

SEGUNDO MITO

Livro na mão do aluno some ou estraga

A vida está pulsando ali.[...] O livro faz parte da casa, da comida, da experiência, da maternidade, do cotidiano.

Adélia Prado[2]

Não raro, nossas memórias leitoras passam pela nossa história com os livros: o quanto nos encantamos pela capa e pelo título, exploramos suas ilustrações, guardamos a lembrança de quem nos presenteou com eles, o quanto os desejamos. Seus aromas, a textura das capas, o toque das folhas, os tamanhos das margens, as anotações que muitas vezes fazemos em suas páginas marcam nosso percurso leitor.

Alguns livros chamam a nossa atenção, nos convocam a lê-los – seja pela apresentação, seja por seu conteúdo. Temos uma história com o objeto e o modo como o livro é concebido e organizado interfere em nossa relação com a leitura. O livro é também a forma como foi editado, é o modo como, enquanto objeto, apresenta-se aos seus leitores. Roger Chartier, his-

2 Entrevista a Eder Chiodetto (2002).

toriador francês contemporâneo que se dedica ao estudo da leitura e do livro, desenvolve muito bem essa questão. Segundo ele, a forma do livro impõe certos "protocolos de leitura":

> [...] não existe nenhum texto fora do suporte que o dá a ler, não há compreensão de um escrito, qualquer que ele seja, que não dependa das formas através das quais ele chega ao seu leitor. [...] Reconstituir [a leitura] exige considerar as relações estabelecidas entre três polos: o texto, o objeto que lhe serve de suporte e a prática que dele se apodera. (CHARTIER, 1990, p. 8-9)

Quando entramos em uma livraria ou em uma biblioteca a fim de escolher um livro, certamente gostamos de contemplar sua edição – qualidade da capa, do papel e da impressão, da diagramação –, folhear alguns exemplares, ler as primeiras frases ou páginas, o texto da orelha do livro ou da quarta capa. Deixamos o livro por um instante, pegamos outro, voltamos a ele. Enfim, temos, ao escolher o que vamos ler, uma relação direta e importante com o objeto livro. Tê-lo ao nosso alcance ajuda a decidir, mostra caminhos e desperta nossa vontade em relação à leitura.

A construção do leitor e de sua autonomia passa pelo manuseio do livro, que pode ser lido aos pedaços, tocado, trocado, apreciado em sua edição mais ou menos cuidadosa, em suas ilustrações. As crianças da educação infantil e dos anos iniciais do ensino fundamental, enquanto não dominam completamente a leitura, lançam mão das imagens para entrar em contato com a história.

Levando em conta a importância do objeto cultural livro na formação do leitor, nos perguntamos: por que em muitas escolas ainda encontramos livros confiscados, fechados em armários, longe do acesso das crianças, guardados nas salas dos professores, da coordenação ou da direção? Em geral, isso é justificado por uma preocupação com a manutenção do acervo. Há o medo da perda de exemplares, de que eles estraguem quando postos em circulação.

Foram incontáveis as vezes que observamos a persistência de uma concepção ultrapassada, de que as crianças que ainda não sabem ler autonomamente não são capazes de manusear os livros com o cuidado necessário – elas os rasgam, sujam, perdem. Por isso, a situação em relação à circulação do acervo nas escolas costuma sofrer muitas restrições, o que inibe, também, o trabalho com empréstimos e, portanto, o acesso democrático à leitura.

Se por muito tempo pensou-se que apenas aqueles que sabiam ler poderiam dar valor aos livros e, portanto, cuidar deles adequadamente, hoje sabemos que é preciso ter o livro nas mãos para aprender a ler e a manuseá-lo. Manipular um livro é um dos comportamentos leitores e, portanto, deve ser conteúdo de aprendizagem – e de ensino. Se não favorecermos o contato com o objeto, como as crianças vão aprender a usá-lo?

Acreditamos que as crianças são potentes. A primeira infância não é um período preparatório para a vida adulta. Ela é em si mesma e é vivenciada intensamente. O conhecimento de mundo que as crianças deixam de construir quando não têm acesso a experiências diversificadas não pode ser reparado. Diferentemente de outros conteúdos que podem ser aprendidos em diferentes idades, o que a criança pequena não viveu não pode ser compensado. Como diz Casimiro de Abreu (2010):

> Oh! que saudades que tenho
> Da aurora da minha vida,
> Da minha infância querida
> Que os anos não trazem mais.
> [...]

A escola é, por excelência, o lugar em que as crianças devem ter acesso ao patrimônio cultural da humanidade – esse é um direito que lhes cabe desde o momento em que pisam em sua primeira instituição escolar. A escola é o *locus* fundamental para a democratização do acesso à cultura e, portanto, para a diminuição da desigualdade social. Antonio Candido (2011, p. 189) afirma que:

> Em princípio, só numa sociedade igualitária os produtos literários poderão circular sem barreiras, e neste domínio a situação é particularmente dramática em países como o Brasil, onde a maioria da população é analfabeta, ou quase, e vive em condições que não permitem a margem de lazer indispensável à leitura. [...] Pelo que sabemos, quando há um esforço real de igualitarização há aumento sensível do hábito de leitura, e portanto difusão crescente das obras.

Vejamos, por exemplo, uma criança que vive em uma casa sem livros – não vamos entrar no mérito do porquê. Onde mais ela teria a possibilidade de conhecer e criar intimidade com esse objeto cultural, tão presente na vida de outras crianças? Concordamos com Sandra Medrano (2015, informação verbal), quando afirma: "Enquanto algumas crianças estão muito próximas do livro, para outras, ele aparece como objeto santificado". É preciso mudar isso.

O cuidado – legítimo – da escola com a manutenção dos livros de uma sala de aula ou de uma biblioteca escolar deve ter como fim a organização desse acervo para atividades de empréstimo e promoção do acesso das crianças aos livros. Fica evidente a necessidade de um trabalho específico com as crianças no sentido do cuidado e manutenção dos livros. Esses também são comportamentos leitores. Leitores cuidam dos seus livros, os valorizam, se afeiçoam e podem retornar mais de uma vez a eles. No entanto, se os livros são objetos sociais utilizados, é esperado que se desgastem.

Fazemos coro ao escritor, poeta, tradutor, crítico literário e ensaísta argentino Jorge Luís Borges, quando afirma:

> Pegar um livro e abri-lo guarda a possibilidade do fato estético. O que são as palavras dormindo num livro? O que são esses símbolos mortos? Nada, absolutamente. O que é um livro se não o abrimos? Simplesmente um cubo de papel e couro, com folhas; mas se o lemos acontece algo especial, creio que muda a cada vez. (BORGES apud MACHADO, 2002, p. 7)

Se acreditamos que é a leitura que dá vida ao livro, é natural que seu uso constante gere sua deterioração. Isso acontece com o livro como acontece com todos os objetos da escola: brinquedos, mobiliário, materiais expressivos. Os livros não duram para sempre, mas a relação que podemos ter com eles, a intimidade com o próprio objeto perdura e reedita-se em leituras futuras.

O que faz de um livro um bom livro?

A escolha do que se vai ler em sala de aula traz necessariamente a questão da qualidade literária, que diz respeito ao livro, como objeto cultural. A leitura literária é uma ação complexa e um bom livro também é o resultado de uma complexa rede de fatores, que revelam uma proposta comprometida do autor, do ilustrador e do editor.

Muito se fala a respeito da qualidade literária de um texto. Mas, o que é isso? Analisemos duas versões do início do conto "Pele de asno", de Charles Perrault.

1. "Era uma vez o rei mais poderoso que já houve na terra. Amável na paz, terrível na guerra, não havia outro que se comparasse a ele. Seus vizinhos o temiam, seus súditos eram felizes. Em seu reino, à sombra de suas vitórias, as virtudes e as belas-artes por toda parte floresciam. A esposa que escolhera, sua fiel companheira, era tão encantadora e tão bela, de índole tão serena e tão doce, que ser o esposo dela o fazia ainda mais feliz do que ser rei. Do terno e casto enlace desse casal, que foi pleno de afeição e contentamento, nasceu uma menina. Eram tantas e tais as suas virtudes, que o rei e a rainha logo se consolaram por não ter mais filhos." (TATAR, 2004, p. 215)

2. Em um reino distante, um rei e uma rainha que se amavam muito tiveram uma linda filha. A menina era tão perfeita que os pais não quiseram mais ter filhos.

Qual dos dois trechos envolve mais o leitor no universo da história? Qual aproxima mais as personagens de uma realidade possível? O primeiro, texto original, ou o segundo? Acreditamos que o primeiro é muito mais sedutor. Envolve o leitor pelos detalhes, informações, linguagem e forma utilizada para apresentar os personagens e o cenário, que alimentam e cativam o seu imaginário e o levam para dentro da história.

É um texto que convoca o leitor, sem menosprezar sua capacidade de entendimento da história. Há trabalho a ser feito por ele. O significado de palavras pouco comuns, como "casto" e "enlace", pode ser inferido pelo leitor, a partir do sentido geral do texto. O desconhecimento do vocabulário específico não impede a compreensão da história.

A segunda versão não tem palavras difíceis – a maioria das crianças as conhece –, mas também não enreda o leitor. É um resumo genérico, conhecido e previsível, que poderia ser o início de qualquer história.

Além das características apontadas – linguagem e forma de construção do texto; ricos detalhes e informações na descrição dos personagens e cenário –, há outros aspectos que podem ser considerados como critérios para a escolha de bons livros literários. É certo que não há receitas para selecionar livros e leituras, mas a observação de um conjunto de fatores pode ajudar na empreitada.

- **Editora**

  Cada editora possui uma linha editorial, uma intenção em relação ao que publica. Esses princípios ajudam a identificar editoras comprometidas com a publicação de obras literárias de qualidade. Procure conhecer o catálogo e o posicionamento das editoras. Repare, também, se há uma escolha por materiais não tóxicos, já que as crianças pequenas costumam levar tudo à boca.

- **Projeto gráfico**

  Um belo livro envolve a escolha das fontes, das cores, dos formatos, do papel, das técnicas de ilustração em diálogo com o texto. Tudo isso faz parte do projeto de leitura do livro.

- **Autoria**

  Alguém assina o texto? Sem assinatura, não há comprometimento, nem reconhecimento do autor. É comum ver livros sem autoria sendo vendidos a baixíssimo custo, com textos extremamente reduzidos, empobrecidos e até mesmo com erros.

- **Ilustração**

  A ilustração tem uma autoria, que traz o compromisso do ilustrador com a obra? Amplia os sentidos que os leitores podem construir naquela leitura?

- **Narrativa**

  Nos livros de literatura, é preciso que ponderemos se eles consideram as crianças como interlocutoras, trazendo aspectos com os quais elas podem dialogar a partir de sua própria experiência, estabelecendo identificações, refletindo e ampliando seus olhares para o mundo e para si mesmas. Além disso, podemos aprender a observar que tipo de livro toca nossas crianças leitoras. Emocionam, encantam, divertem?

  É fundamental analisar o texto do ponto de vista de

> sua complexidade e elaboração (textos ricos X textos empobrecidos), além, é claro, de prestar atenção na maneira como a temática é tratada. Por exemplo: o livro é preconceituoso? Desrespeitoso com algum segmento da sociedade, como mulheres, crianças, pessoas com deficiência, afrodescendentes, homossexuais? Apresenta os personagens de forma estereotipada? A família é sempre composta por pai, mãe e filhos? As meninas sempre brincam de boneca ou casinha e os meninos, com carrinhos? É importante que o livro não negue a diversidade humana.
> As crianças, desde muito pequenas, querem histórias que possam dar contorno ao que vivem, enriquecer sua experiência, apresentar um mundo novo. Como já disse Madalena Freire (1983), elas são apaixonadas por conhecer o mundo!

Ressaltamos mais uma vez: é importante olhar para todos esses indicadores conjuntamente.

LIVROS DIDÁTICOS E PARADIDÁTICOS

Livros didáticos são aqueles que têm caráter pedagógico e são utilizados para o ensino formal. Os paradidáticos são aqueles adotados de forma paralela aos didáticos. Tanto os livros literários quanto os informativos são paradidáticos.

> A importância dos livros paradidáticos nas escolas aumentou principalmente no final da década de 1990, a partir da Lei de Diretrizes e Bases da Educação (LDB), que estabeleceu os Parâmetros Curriculares Nacionais (PCNs) e orientou para a abordagem de temas transversais relacionados ao desenvolvimento da cidadania. Dessa forma, abriu-se espaço para o aumento da produção de

> obras para serem utilizadas em sala de aula, abordando temas como Ética, Pluralidade Cultural, Trabalho e Consumo, Saúde e Sexualidade.
> A utilização dos livros paradidáticos também aumentou na rede pública de ensino a partir da descentralização dos recursos do PNLD (Programa Nacional do Livro Didático) e a decisão de alguns estados, como São Paulo, de investir nesse tipo de livro. (MENEZES, 2002)

No mercado existem livros paradidáticos, publicações infantojuvenis, de diferentes esferas textuais, como os informativos e os literários. Na escola, deve haver espaço para todos, pois é importante que as crianças tenham acesso a eles. Entretanto, possuem propósitos distintos.

Os textos informativos abordam um tema com o objetivo de transmitir informações: reportagens, verbetes, manuais, artigos são alguns exemplos de textos informativos. O leitor que recorre a eles tem a expectativa de aprender algo.

Há livros vendidos como literatura, livros de histórias, que não se constituem como narrativa. É o caso de imagens com legendas, como cores: sob uma forma colorida, aparece seu nome (amarelo, azul, vermelho, verde etc.). Cuidado! Esses não são livros de literatura. Ainda: será necessário usar livros para ensinar cor para os pequenos? Ou as cores estão no mundo, no cotidiano, nos objetos, são escolhidas, preferidas? ▪

E o que mais?

Beatriz Helena Robledo (2012), especialista e pesquisadora colombiana nas áreas de literatura infantil e juvenil e leitura, apresenta um critério muito interessante: o efeito de duração que um texto produz em seu leitor. Por esse efeito de duração, podemos entender que algo muito especial "fica no leitor", ou seja, a obra de alguma forma permanece nele. Uma frase que reverbera, um modo de narrar, as tramas dos personagens, tal como foram contadas. A história, ou algo dela, perdura no leitor, segue com ele. Muitos de nós certamente nos lembramos de obras que ficaram em nós, trechos, frases, destinos dos personagens que nos acompanham vida afora. Há livros, por outro lado, que esquecemos por completo. Não nos marcaram. Não ficaram. Não nos habitam.

O efeito de duração de um texto relaciona-se com outro critério que o professor deve considerar quando seleciona livros para ler com os alunos e sugere leituras para seu grupo: o próprio envolvimento com aquele título. O quanto o professor está ligado afetivamente a ele, o quanto a obra o tocou, quais são suas lembranças enquanto leitor daquele livro.

O professor precisa circular entre o que *necessita* ler, como parte do plano curricular da escola, por exemplo, e o que ele *deseja* ler. O ideal é que essas duas esferas se comuniquem. Por exemplo, dentro do gênero que deverá ser apresentado aos alunos de determinado ano escolar, é importante que o professor eleja títulos que o envolveram e que ele realmente gostaria de compartilhar com seus alunos – e que ele explicite isso, comunicando os efeitos que os títulos escolhidos tiveram nele.

Robledo (2012) também afirma que se deve avaliar se a obra escolhida abre possibilidades de os leitores estabelecerem relações com a própria vida, se eles poderão atribuir sentidos pessoais. Títulos que falem *com* as crianças, e não *sobre* elas. Livros que considerem as experiências que as crianças já têm e que respeitem sua inteligência. Livros que não busquem apenas ensinar algo, repletos de mensagens moralizantes, mas que tratem do cotidiano das crianças e dialoguem com elas.

Para as crianças da educação infantil e dos primeiros anos do ensino fundamental, é o caso de apresentar livros que possam esbarrar em seus sentimentos. Por exemplo, que abordem alguns medos típicos da faixa etária: do abandono, de ficar sozinho, do escuro, de monstros, de entrar na escola, de se perder dos pais, de ganhar um irmão. Ou, então, que toquem em suas alegrias: a alegria da brincadeira, da descoberta de algo novo, de sentir-se maior, acompanhado, amado, da alegria da amizade, da brincadeira com as palavras, de entrar em contato com o humor e com o absurdo. As histórias podem ajudar a elaborar essas questões, mesmo quando não tratam delas diretamente.

As crianças também gostam de histórias que tratem das questões do crescimento, das perdas, das lutas, dos conflitos, das descobertas (que podem ser elaboradas, por exemplo, em histórias de aventura), da amizade, do afastar-se gradualmente da família, dos múltiplos olhares que se pode ter para o mundo, para outras culturas, outros modos de vida e de infância.

LIVROS "CAFÉ COM LEITE"

Uma das práticas recorrentes que observamos nas escolas é a circulação de livros de origem duvidosa entre as crianças. Livros com imagens estereotipadas, textos empobrecidos e por vezes preconceituosos, em geral sem autoria. São livros de baixo custo, que os professores entendem que podem ser perdidos ou estragados, sem pesar. Nessa leva, incluem-se livros incompletos, com páginas faltando, rasgados e riscados.

A pergunta que ecoa é: se o livro pode ser estragado, já que é de má qualidade, por que oferecê-lo às crianças? Se nosso objetivo é formá-las como leitoras, nosso dever é colocar literatura de excelente qualidade na mão delas! ▪

Livros ou revistas?

Uma prática comum nas creches é oferecer revistas para as crianças "aprenderem" a virar as páginas sem rasgá-las. Muitas vezes, são revistas já utilizadas para recortes ou rasgaduras.

Algumas observações:

- Quem cuida de algo que já está deteriorado? Quem guarda revistas recortadas caindo aos pedaços? O que ensinamos às crianças oferecendo esse tipo de material para leitura?
- A habilidade de aprender a virar as páginas deve acontecer de modo contextualizado, ou seja, com um livro nas mãos.
- Livros e revistas são portadores de textos diferentes, que devem estar presentes no cotidiano escolar – as crianças pequenas adoram ver as fotografias e ilustrações das revistas! E amam ouvir a leitura das histórias. Mas essas duas ações não se confundem.

Livros ou imagens de livros?

Temos ouvido muitas vezes os professores dizerem que usam *datashow* para projetar livros na hora da leitura. As alegações são variadas: as crianças podem visualizar melhor as ilustrações e por isso prestam mais atenção, os livros são preservados, pode-se apresentar mais histórias do que as existentes no acervo da escola. É difícil argumentar contra a última justificativa, mas o contato do leitor com o livro e tudo o que se aprende com seu manuseio derrotam qualquer defesa do uso de uma projeção.

Quando conversamos com os professores a esse respeito, costumamos brincar dizendo que a imagem projetada não tem cheiro, nem podemos folheá-la.

Como dissemos, relacionar-se com o livro faz parte do processo de se tornar leitor. Lembrando o prazer com que tomamos certos livros em nossas mãos, alguém duvidaria dessa afirmação?

DIÁRIO DE FORMAÇÃO

Para escolher livros

Formador: Josca
Grupo de coordenadores pedagógicos da educação infantil.
São Paulo, 2007

Estávamos discutindo critérios de escolhas de livros para crianças. Como orientar os professores? Como ir além do gosto pessoal e escolher o que ler para as crianças? Propus, então, uma roda de livros. Apresentei vários títulos e pedi que escolhessem um para ler para um grupo de crianças, contando a faixa etária e justificando a escolha. As justificativas, quando refletidas, são pistas potentes para boas escolhas. As coordenadoras elencaram:

- **Beleza do livro:**
  - capa, papel, cores, diagramação, formato.

- **Ilustrações:**
  - diversidade de técnicas e de materiais (lápis, aquarela, bordado, colagem, giz de cera etc.);
  - diversidade de tipos – redundantes (que confirmam o texto escrito) e complementares (que trazem mais elementos que o texto escrito).

- **Texto:**
  - acessível à faixa etária;
  - bem-escrito, com bom vocabulário;

- que apresenta repetição – em especial no caso das crianças menores, que adoram esse tipo de história porque a narrativa constitui um jogo de palavras do qual elas podem participar. Por exemplo: "A velha a fiar".

- **Temas que:**
  - agradam ao professor e às crianças;
  - são relacionados à fantasia e à imaginação – encantamento;
  - têm relação com o cotidiano das crianças;
  - têm relação com o interesse das crianças;
  - apresentam outras realidades;
  - tratam da diversidade humana;
  - emocionam, encantam, fazem pensar, provocam medo – são misteriosos;
  - propiciam diversão, alegria – são engraçados.

Essa lista é fruto de uma reflexão do grupo, em meio a um processo de formação. Como tudo na vida, está sujeita a mudanças: novas ideias, mais critérios, reformulações.

Assim, alguns aspectos da lista podem ser problematizados. Por exemplo: quais critérios considerar para afirmar que um título é acessível a determinada faixa etária? Isso depende da concepção de criança e de aprendizagem que se assume. Depende também do leitor, considerando sua experiência de vida e suas referências literárias.

Há crianças pequenas, de quatro anos, que gostam de ouvir longas e elaboradas narrativas, como *Alice no País das Maravilhas*, de Lewis Carroll. E adolescentes que preferem narrativas amplamente ilustradas e com pouco texto. A maneira como o livro é apresentado e contextualizado, a paixão de quem indica, também influi no mergulho de uma leitura de fôlego. Esse é o papel do mediador.

Vale a pena mencionar que pode ser questionado o critério de que o tema precisa agradar ao professor e às crianças. Muitas vezes, o professor pode se esquivar de alguns temas que considera "difíceis" – como morte, separação dos pais, raiva etc. –, mas que são importantes para seu grupo. Adiante, no quarto mito, trataremos desse assunto.

Acesso aos livros

Formador: Ana Carolina
Grupo de professores e de coordenadores pedagógicos.
Interior paulista, 2009

O objetivo dessa formação era implantar bibliotecas em creches de duas cidades do interior de São Paulo. Uma das questões discutidas dizia respeito à acessibilidade dos livros.

Apresentei imagens de crianças com bastante autonomia em um espaço de leitura – crianças bem pequenas, em torno de três anos, escolhendo livros em estantes baixinhas, "lendo" com um colega, trocando de livro. Crianças que frequentam desde bebês espaços de leitura, que têm desde cedo contato com a leitura e com os livros, sempre ao alcance de suas mãos. Crianças que, desde muito pequenas, estão aprendendo comportamentos leitores.

As cenas foram uma surpresa agradável para a maioria das educadoras, que olharam para a potência das crianças. Algumas comentaram: "Como é bonito ver crianças com os livros na mão! Mas aqui na escola, quando damos os livros, elas rasgam, não sabem cuidar. E não temos recursos para repor os que são estragados. Por isso deixamos os melhores livros em lugares protegidos, e os mais baratos, ou então os de pano e de plástico, para as crianças manipularem, pois nós não sabemos quando vamos poder adquirir um livro mais caro". Muitas concordaram, dizendo que precisavam manter os livros caros bem protegidos. Talvez essa afirmação sirva de fato, para alguns poucos livros, como os de *pop-ups*, por exemplo. Mas esses são pouquíssimos, em geral, a minoria numa biblioteca.

Se as crianças somente têm acesso a livros baratos ou de pano e de plástico, que, em geral, não contêm histórias, mas apenas imagens estereotipadas e seus nomes, será que se sentirão interessadas e compelidas a ler? Se o professor leu uma história bacana, de um livro bonito, não é de se esperar que as crianças queiram voltar a ele, em outro momento?

Nesse dia, tinha comigo a imagem de uma obra que datava da transição do período medieval para a Idade Moderna. Um religioso lia, em um púlpito, um livro lindo e grosso, certamente manuscrito; os alunos estavam sentados no chão, segurando em suas mãos livros mais simples.

Em que pesem as diferenças de tempo e de práticas de leitura, as educadoras começaram criticando a imagem: "Que absurdo! O livro bonito só nas mãos do professor!". Em seguida, uma delas completou: "Parece a gente, com os livros caros que queremos 'esconder' das crianças!".

Se concordamos que é função da escola introduzir as crianças no universo da leitura e da literatura, precisamos garantir o acesso pleno aos livros, desde sempre. Na escola pública e privada. Não há formação de leitor sem livro. Vale muito mais a pena um livro na mão do que milhares em armários...

TERCEIRO MITO
Na educação infantil, é preciso oferecer livros fáceis

Era uma vez uma criança... que estava com um adulto... e o adulto tinha um livro... e o adulto lia. E a criança, fascinada, escutava como a língua oral se faz língua escrita. A fascinação do lugar exato onde o conhecido se torna desconhecido. O ponto exato para assumir o desafio de conhecer e crescer.

Emília Ferreiro

Em uma creche, ciente da importância de as crianças pequenas, de até dois anos, terem contato com livros, a professora mostra um em que aparecem imagens de veículos: automóvel, caminhão, carro de bombeiro, bicicleta, motocicleta, com seus respectivos nomes. Em seguida, organiza a sala para que as crianças explorem vários exemplares: livros de pano, de plástico, com recortes de revista que a professora fez com muito capricho, e aqueles em que aparecem imagens de objetos com seus nomes escritos embaixo. Nessa coleção, não se encontra nenhum livro literário, como contos de fada ou contos modernos. Por quê?

Ainda hoje, muitas pessoas acreditam que crianças pequenas não entendem um texto literário. Seria muito complexo para elas, com palavras difíceis e construções elaboradas. Junte-se a isso o desconhecimento de boa parte da produção de literatura infantil adequada a essa faixa etária.

No entanto, presenciamos inúmeras vezes crianças muito pequenas bastante atentas a histórias bem escritas e encantadoras para sua faixa etária. Em uma creche, observamos a professora ler *O sapo bocarrão* (FAULKNER, 1996) para seu grupo de bebês de um ano, que a escutavam atentamente, ansiando pelo final conhecido e divertido, no qual o sapo pula na água para se salvar de um jacaré faminto. As crianças repetiam a seu modo a onomatopeia lida pela professora: "Splash!". Riam, apontavam para a ilustração do sapo pulando no rio e pediam de novo a cena final, mostrando-nos o quanto um bom enredo, com sua sonoridade, e o quanto um livro bem ilustrado pode, sim, agradar aos menores, ainda que eles não conheçam todas as palavras do texto e que nós não tenhamos certeza se compreenderam a história, como é a experiência de fato com a narrativa literária.

No caso de crianças um pouco maiores, a partir dos cinco anos, os textos literários já costumam povoar as salas – há acervos específicos para cada faixa etária, e no caso da escola pública, resultado de um investimento público na ampliação do acervo, nos últimos anos. Todos acreditam que é muito importante ler para elas, mas o que ler?

Em uma escola de São Paulo, as crianças de cinco anos ouvem a professora ler a versão da *Odisseia*, de Homero, adaptada por Ruth Rocha. É um grupo que está envolvido com um projeto sobre o mar. Os alunos elaboraram questões: "Como surgiu o mar?", "Por que o mar é salgado?", "Como surgiram os peixes, as pedras, as conchas e as sereias?". Para responder as perguntas, além dos textos informativos, a professora leu vários mitos de origem e escolheu a *Odisseia*, uma vez que essa narrativa épica se relaciona com alguns mitos lidos e por ter como personagens, em um dos trechos da história, as sereias. As crianças ficaram fascinadas pela história, repleta de aventuras cativantes.

Em outra escola, crianças da mesma faixa etária se encantam com o livro *Minha vida de menina*, diário escrito por Helena Morley. Esse livro certamente não foi escrito para crianças dessa idade e nem mesmo a professora havia planejado lê-lo com o seu grupo de alunos. No entanto, em uma roda de conversa após as férias de julho, quando compartilhavam as leituras que haviam feito, a professora contou que havia lido *Minha vida de menina*. Apresentou a autora, a época e o lugar em que havia vivido.

Coincidentemente, uma das alunas havia escrito um diário de férias e então todos ficaram muito curiosos para conhecer o tal diário. Ficou combinado que a professora traria o livro no dia seguinte e escolheria um trecho bem bacana para ler na roda. Eles amaram! E pediram outro e mais outro trecho. E assim, o grupo teve a oportunidade de conhecer e se encantar com boa parte dessa bela obra literária.

Tanto a *Odisseia*, mesmo em versão adaptada, quanto *Minha vida de menina*, não costumam ser oferecidos para crianças dessa faixa etária. Muitas vezes um professor pode se questionar quanto à pertinência de textos complexos na educação infantil ou nos primeiros anos do ensino fundamental, principalmente tratando-se das crianças menores de seis anos. É claro que não são todos os textos que interessam a elas ou que lhes são acessíveis, assim como acontece com os adultos.

No entanto, abrir novas perspectivas de leitura para as crianças pode se tornar um desafio instigante na sua relação com os livros, parceiros significativos em nosso trajeto na escola e na vida. Livros que tragam desafios aos alunos podem e devem ser sugeridos pelo professor. Esta pode ser uma ótima chance para que a leitura do professor seja compartilhada com a turma.

De maneira geral, nas escolas há um consenso de que determinados livros são mais adequados a certas faixas etárias do que a outras. As editoras também organizam seus catálogos de livros infantojuvenis por idade, sugerindo faixas etárias mais adequadas aos seus livros, em geral considerando a maior ou menor autonomia dos leitores, de acordo com a complexidade do texto e a quantidade de ilustrações. Reconhecendo a dificuldade dos adultos avaliarem se um livro é ou não pertinente a determinada faixa etária, as editoras acabam cumprindo esse papel.

Ainda que a divisão da literatura em faixas etárias possa funcionar como uma orientação, é importante considerar que o encontro entre sujeito e literatura não pode ser definido apenas por esse critério. Se assim fosse, as crianças das duas escolas citadas provavelmente não estariam ouvindo as histórias de Helena Morley e de Homero. A mediação do professor, bem como o interesse e a experiência leitora dessas crianças, permitiu o acesso e a fruição desses textos. A orientação de idade, portanto, não deve funcionar como uma camisa de força! Ao escolher um livro, é fundamental olhar para os leitores que temos: onde vivem, como são, pelo que se interessam, o que já leram. E sempre perguntar: O que esses leitores gostariam de ler? O que já sabem? O que querem saber?

A experiência de vida, o lugar onde moram, a cultura em que vivem tornam os leitores diferentes, singulares. Dessa forma, a escolha do que vai ler é complexa e deve considerar que o que costumamos chamar de infância, adolescência, vida adulta e velhice são categorias que abarcam grande heterogeneidade. Os seres humanos, mesmo os que têm a mesma idade, são diferentes – basta olhar para seus companheiros de geração.

Como diz o escritor Ricardo Azevedo (2003, p. 5):

> É preciso lembrar o óbvio: uma criança é um ser humano e não uma categoria abstrata e lógica. Logo, está exposta a inúmeros fatores: contextos sociais e familiares, seu próprio temperamento, acasos e acidentes, sentimentos, experiências concretas de vida, traumas, concepções culturais, entre outros fatores.

A aproximação de cada um com a literatura é uma experiência subjetiva, por isso, não é possível cercear ou definir peremptoriamente se um livro é ou não adequado apenas considerando a idade.

No entanto, podemos nos perguntar: Não há pontos em comum em uma faixa etária? Sim, é evidente que há muitos, assim como muitas diferenças entre as pessoas dessa faixa etária. E, se consideramos o diálogo com a literatura como algo da esfera do pessoal e do subjetivo, essas diferenças precisam ser levadas em conta. Sempre.

Ampliar ou reduzir o vocabulário?

A ideia de que a leitura de literatura introduz palavras muito difíceis para o aluno que ainda não lê convencionalmente ou começa a fazê-lo muitas vezes influencia o professor a substituir palavras mais complexas por outras mais fáceis, em geral empobrecendo a narrativa e certamente descaracterizando o texto.

Se pensarmos em como nós mesmos lemos um texto, perceberemos que não conhecemos o significado de todas as palavras que lemos, mas construímos seu sentido na leitura. Com as crianças também é assim! Quando elas realmente não compreendem o sentido da palavra pelo seu contexto, é muito provável que nos perguntem. Essa situação pode se configurar como um bom problema a ser solucionado com o uso do dicionário.

Ler também pode se traduzir em uma boa oportunidade de conhecer palavras novas. Mas não fica só nisso! No ensino fundamental, é muito comum ouvirmos essa justificativa para a importância da leitura, o que acaba escamoteando o seu real objetivo. Nós não lemos para aprender palavras novas. Lemos em busca de alguma experiência ou conhecimento, lemos para nos divertir, para nos encantar. A leitura literária também promove outras aprendizagens: ampliação do vocabulário é uma delas.

LITERATURA OU RESUMO?

Teresa, seis anos, recebeu de presente um livro de contos clássicos, em uma edição que trazia histórias excessivamente reduzidas e simplificadas, com ilustrações pouco atrativas. Ao ler um dos contos, comentou: "Por que ler este livro, se já conheço a história da Branca de Neve?".

Importante dizer que Teresa gostava de ler várias versões desse conto e se deliciava com a qualidade literária das diversas narrativas. Sabemos que um bom texto literário, mesmo que conhecido, pode provocar emoções em seus leitores. Quem deseja livros feios, com textos pobres e ilustrações estereotipadas? ■

QUARTO MITO
É preciso poupar as crianças dos horrores do mundo

Nenhum livro para crianças
deve ser escrito para crianças.

Fernando Pessoa

Viver é muito perigoso...

João Guimarães Rosa

Acreditar que existem assuntos proibidos na literatura revela uma determinada concepção de criança e de infância que é sempre fruto de uma construção social. Uma concepção que entende que a criança deve ser poupada das "agruras da vida", protegida. Por isso, temas considerados "difíceis" pelos adultos, como morte, guerra, despedidas e doenças, devem ser evitados. Será que as crianças não pensam e sentem em relação a esses temas? A perda de um ente querido ou a violência humana também as atinge e, por isso, são temas que devem ser tratados.

Uma professora de educação infantil entrou em contato perguntando se nós considerávamos o livro *Mamãe zanga-*

da, de Jutta Bauer (2008), inadequado para crianças de dois e três anos. O livro trata da briga entre uma mãe pinguim e seu filhote, que se sente despedaçado com o acontecimento. A narrativa versa sobre a busca dos pedaços e na ação de reparação da mãe, que remonta o pinguinzinho.

A professora relatou que a coordenadora da escola em que trabalhava havia considerado a narrativa muito agressiva e inadequada, porque o pinguinzinho se despedaça, as crianças poderiam se identificar com ele, o que as assustaria. E elas deveriam ser preservadas de situações violentas.

O pensamento dessa coordenadora é compartilhado por vários adultos. Podemos dizer que existe uma idealização da criança – ser puro, que deve ser protegido dos horrores do mundo –, que desencadeia em nós uma necessidade de controlar o que chega a ela. Essa questão delata, também, o medo que temos, nós adultos, de entrar em contato com os assuntos difíceis da condição humana: a morte, o ódio, a vontade de morrer, a inveja, as violências que cometemos contra nossos semelhantes e por aí vai.

Na infância, a criança vive as mesmas contradições humanas que os adultos, possui sentimentos ambivalentes, negativos, sofridos e medos: da morte, de não ser amado, de ser abandonado, entre outros. Qualquer um que convive com crianças experimenta sua intensidade emocional, a complexidade de seus afetos. Dessa maneira, não há assuntos que não possam estar presentes nos livros dedicados ao público infantil. Há, sim, formas de serem abordados, escritos, compartilhados. Mas a necessidade de se olhar para assuntos difíceis é igualmente necessária para todos.

Pode se falar tudo às crianças, desde que de uma maneira acessível a elas, à sua compreensão. A criança pode se beneficiar bastante ao ler um texto que a ajude a nomear, a dar um contorno a uma emoção ou a um sentimento, e perceber que o que sente não é fruto de uma monstruosidade, mas algo humano.

Não é a literatura que apresenta esses temas, tão árduos para os adultos nos dias de hoje. Ela apenas trata deles. São temas tão universais que os encontramos em histórias de todas as culturas. Podemos evitar ler sobre a morte, mas não podemos evitá-la. Podemos evitar ler sobre o abandono, mas não podemos evitar o medo dele. Se as crianças não podem falar sobre a morte, a raiva, o medo, onde elas vão elaborar esses sentimentos? A literatura pode oferecer espaços de elaboração dessas questões.

O psicanalista Bruno Bettelheim (1980), em seu célebre livro *A psicanálise dos contos de fadas*, apontou para a experiência que esses textos literários propiciam às crianças, lembrando que esse gênero já foi muito criticado pela crueldade de suas histórias. Em seus estudos, Bettelheim defende a ideia de que a trajetória dos personagens na luta do bem contra o mal e no confronto com as adversidades da vida pode revelar para as crianças (e os adultos) alguns caminhos que precisamos percorrer para crescer.

Ítalo Calvino (1998) constrói uma imagem semelhante na bela introdução que faz em seu livro *Fábulas italianas*, associando enredos e personagens das histórias tradicionais ao "catálogo de destinos humanos" de que podemos dispor, ou seja, essas histórias trazem à tona tanto a diversidade quanto a universalidade humana.

Ultimamente, o politicamente correto tem estado presente nas discussões em torno da produção literária destinada ao público infantil. Adaptações de histórias tradicionais, de cantigas e o surgimento de uma literatura "do bem" tem deixado muitos educadores de cabelo em pé, com receio de que a literatura feita para crianças pudesse perder o que há de mais valioso: o diálogo com a subjetividade, com a vida e toda sua complexidade.

A necessidade de retirar palavras ofensivas, expressões duras e de suavizar as histórias acaba por fazer calar sentimentos que de fato a criança sente, fazem parte dela – o tiro pode sair pela culatra. Sem lugar para dar forma ao que sente pela palavra, a criança precisará dar vazão de outra maneira ao que está presente em sua vida.

Atira ou não o pau no gato?

Quem não conhece a versão original da canção *Atirei o pau no gato*? Acreditamos que ela fez parte da infância de todos. Para relembrar, a letra é:

> Atirei o pau no gato-to-to
> Mas o gato-to-to
> Não morreu-reu-reu
> Dona Chica-ca-ca
> Admirou-se-se
> Do berro, do berro
> Que o gato deu: miau!

Quem trabalha com criança certamente já ouviu a versão politicamente correta que anda circulando:

Não atire o pau no gato-to-to
Por que isso-so-so
Não se faz faz faz.
O gatinho-nho-nho
É nosso amigo-go-go
Não devemos
Maltratar os animais, jamais!

Sabemos que as crianças experimentam comportamentos que revelam certa crueldade, mas não é possível atribuí-la a uma canção. Quantos de nós efetivamente atiraram o pau no gato ou maltrataram animais por causa da canção?

A segunda versão, politicamente correta, censura a possibilidade de as crianças brincarem com textos da tradição oral transmitidos de geração a geração. Esse tipo de "mudança" também revela uma concepção moralizante, que busca atribuir ao lúdico um caráter educativo.

Em seu artigo "Discurso e formação de valores nas canções de ninar e de roda", Lopes e Paulino (2009) apresentam uma pesquisa realizada em São Paulo, com pessoas de várias classes socioeconômicas, sobre suas vivências e o que pensam atualmente a respeito das canções infantis. As autoras ressaltam que:

> Na maioria das entrevistas, quando perguntados sobre que tipo de mensagem as cantigas transmitem às crianças, muitos alegam só ter percebido a presença de versos sobre violência e a presença de personagens ligados ao medo depois que se tornaram adultos. A partir desse dado pode-se considerar que, para a infância, o importante é a brincadeira, a socialização, enquanto para o adulto, que conhece mais que

> uma criança o mundo em que está inserido, é possível "reelaborar o que vem como um 'dado', possibilitando que não sejamos meros reprodutores" (LOPES e PAULINO, 2009).

As autoras concluem o artigo afirmando que "a valorização de nossa herança cultural ainda é preferível em relação à tentativa de tornar as letras de algumas cantigas politicamente corretas".

Acreditamos que as crianças devem ter acesso aos textos de tradição oral que fazem parte de nossa cultura. Não há por que censurá-los!

Adequado ou inadequado?

O que fazer quando as crianças querem ler livros que, do nosso ponto de vista, não são adequados à sua idade? O que pensar disso?

Presenciamos e protagonizamos muitas vezes essa discussão, na qual frequentemente a opinião dos professores se divide. A fim de evitar o acesso aos livros considerados inadequados, muitos professores optam por selecionar previamente o acervo, distribuindo-o em estantes ou caixas classificadas por faixa etária – deixando disponíveis somente os títulos aos quais as crianças devem ser expostas (segundo o ponto de vista deles).

Outros tantos professores se indignam com a censura e justificam: se nosso objetivo é fomentar a leitura literária e ampliar o acesso dos alunos aos livros, por que não permitir que todos circulem livremente pelo acervo, escolhendo o que querem ler? Mesmo esses educadores deparam-se com a questão: o que fazer quando um aluno faz uma escolha polêmica, pega um livro que é considerado inadequado para a sua idade, naquela escola?

Uma mistura de receios toma conta do professor. Eles vão desde a apreensão da introdução precoce de temáticas, passam pelo despreparo do professor para responder perguntas constrangedoras, e chegam ao temor da reação dos pais e de outros membros da equipe escolar.

Vamos analisar esses receios. Para começo de conversa, precisamos ter claro que as referências utilizadas pelos professores para categorizar um livro como adequado ou inadequado são datadas e situadas, ou seja, revelam ideias, crenças, princípios e valores de determinado grupo, em determinado tempo e espaço – não são absolutas.

Vejamos um exemplo interessante que pode parecer absurdo nos tempos atuais. É o depoimento da escritora Tatiana Belinky para o Museu da Pessoa (2009, p. 194-196), no qual ela conta a experiência de ter sido "censurada" pela bibliotecária da escola:

> A primeira coisa que fiz, assim que entrei na escola, foi correr à biblioteca. E o Mackenzie tem uma biblioteca de três andares, uma maravilha de biblioteca. Chispei para lá. Além disso, meus pais se inscreveram em duas bibliotecas circulantes: uma russa e outra alemã. Entrei naquela biblioteca enorme, fui direto para uma estante, procurei, procurei, sem falar português, e achei um livro que me pareceu interessante. Sem ler, não ia nem aprender a língua. Porque na escolinha, já no terceiro trimestre, era a primeira aluna

em português. Isso porque eu lia! Lia com fluência. Peguei um livro e o levei para a bibliotecária registrar. Ela disse: “Esse não pode”. “Como não pode?!” “Não pode, porque não é para você.” “Como não é para mim? Não é uma biblioteca circulante?” “É, mas não é para você. É impróprio.” “Existem livros impróprios numa biblioteca de escola? O que é impróprio?” Não entendi. Já tinha 11 anos, 11 anos e meio. Ela disse: “É impróprio e não é para menina”. Eu disse: “Existem livros masculinos e femininos?”. A bibliotecária ficou irritada e disse: “Ponha esse livro de volta. Livros para você são esses aqui”. E me mostrou uma estante baixinha. “Ali você pode pegar qualquer coisa.” Fui lá, resignada, peguei dois livros. Eram tão femininos, tão de meninas, que até as capas eram cor-de-rosa, eu acho. Olhei a capa e lá dizia não-sei-o-quê, senhora Leandro Dupret. Eu disse: “Como?! Senhora?! Ela não tem nome?”. Desde quando a autora é senhora? Senhora para mim é madame da cozinheira. Fiquei meio escandalizada. Ela disse: “Pega esses livros e não se fala mais nisso”.

Peguei, levei para casa, li e odiei. Nem me lembro mais do que se tratava. Queixei-me ao meu pai, porque assunto de livros era com ele. Não que minha mãe não lesse muito, mas ela não tinha tempo, porque era dentista. Eu disse: “Olha, aconteceu isso. E desse aqui não gosto, detesto, não quero. Que faço?”. Papai disse: “Você não faz, mas eu faço!”. Sentou e escreveu uma carta em um português muito ruim, dizendo: “Minha filha Tatiana está autorizada a retirar da biblioteca qualquer livro que ela queira”. Fui triunfalmente para a biblioteca com esse bilhete do meu pai. Foi um escândalo. Onde já se viu uma fedelha de 12 anos poder ler qualquer coisa?! Mas a

> última instância era o pai, o pátrio poder. Não tinha juiz de menores bobo para atrapalhar.
> E tirei o que queria, aventura, bons livros. Eram de meninos, de homens, não eram de nenhuma senhora Leandro. Tornei-me frequentadora da biblioteca, o que me ajudou a aprender português muito depressa. E mesmo na escola davam livros para lermos, livros bons. Tanto assim que na escola americana, na última série em que estive lá – quarta série, acho –, ganhei um prêmio por ser a primeira em português, por estranho que pareça. Ganhei um livro assinado por todas as professoras e todas as colegas. Tenho até hoje. O livro: *Eurico, o presbítero*, de Alexandre Herculano. Difícil, português de Portugal antigo. E claro que o engoli, li do começo até o fim, e aprendi português pra burro. E tenho o livro até hoje. Essa foi a minha experiência com a biblioteca. E, de resto, tinha a biblioteca circulante. O primeiro dinheirinho que ganhava, comprava livros. Não comprava sapatos. Aliás, fiquei sem comprar sapatos por dois anos. Nem havia dinheiro. Mas para livros tinha.

Na época em que se passa o relato, nos anos 1930, havia uma grande cisão entre o mundo feminino e o masculino. A sociedade era patriarcal e o lugar da mulher era muito distante do lugar do homem. Lê-lo causa-nos estranhamento, revelando que as ideias que sustentam as escolhas que fazemos se transformam. Como poderá causar estranhamento, dentro de alguns anos, a "censura" de títulos que parece, aos olhos de alguns, natural e inquestionável.

Quem escolhe os livros que ficam ao acesso dos alunos é a equipe de professores. E eles o fazem com base nas crenças e valores próprios ou da instituição de ensino, o que precisa ser relativizado. Por exemplo, para adeptos de algumas crenças religiosas, certos personagens típicos do folclore brasileiro não devem ser apresentados às crianças, pois representam o mal, do qual elas devem ser protegidas. Outros demonizam as religiões africanas. Nos dois casos, desconsidera-se a liberdade e a pluralidade cultural de nosso país. É preciso lembrar que nem todos temos as mesmas crenças, e que a diversidade deve fazer parte da formação das crianças.

A escola é o lugar em que o aluno deve ter a liberdade de exercer suas escolhas. Ele pode contar com a mediação[3] de um professor que observa suas preferências, faz sugestões, emite opiniões, estimula trocas e dicas entre os alunos. Nessa mediação, é evidente que o professor exercerá sua opinião, demonstrará seu gosto por certos livros. E isso é muito importante, pois trata-se de importantes comportamentos leitores, ou seja, de ações que fazemos como leitores. Agora, o leitor também deverá contar com a liberdade de realizar suas escolhas e até de exercer a crítica em relação a elas. Refletir sobre os livros que retira, se gostou ou não gostou, se entendeu ou não, faz parte do caminho de qualquer leitor e, mais que isso, vai ajudando a criar os próprios critérios de leitura, a apurar o gosto, a saber que tipo de obras podem dialogar mais com a sua experiência. Essa necessidade da liberdade do leitor deverá ser assunto para toda a comunidade escolar refletir em conjunto, e as situações polêmicas devem nos ajudar a pensar sobre elas e não nos paralisar e negar o livre acesso aos livros.

---

3 A bibliotecária francesa Geneviève Patte, citada por Cecília Bajour (2012) em livro aqui abordado, aponta para a diferença entre selecionar e valorizar uma leitura – este seria o papel da mediação, por exemplo – e restringir ou censurar livros para os alunos.

QUINTO MITO

Livro bem colorido: é disso que os pequenos gostam

[...] eu convivia com eles todas as horas do dia, a ponto de passar tempos enormes com um deles aberto no colo, fingindo que estava lendo e, na verdade, se não me trai a vã memória, de certa forma lendo, porque quando havia figuras, eu inventava as histórias que elas ilustravam e, ao olhar para as letras, tinha a sensação de que entendia nelas o que inventara.

João Ubaldo Ribeiro

"O que importa mais em um livro para crianças bem pequenas são as ilustrações coloridas."

"É preciso ter cores que elas reconheçam, desenhos claros e de fácil compreensão."

"Os textos precisam ser curtos, com frases simples."

"Os pequenos gostam mesmo é de livros *pop-ups*, com sons, texturas e formas."

Muitas vezes ouvimos frases como essas circulando entre professores e coordenadores de educação infantil, ao mesmo tempo que percebemos que as ideias que elas expressam também estão presentes na escolha do que se encontra nas estantes das escolas. O que será que está por trás de afirmações como essas e de ideias a respeito do que devemos ler para os pequenos?

Em uma formação de professores de educação infantil, depois de termos discutido longamente critérios de qualidade de texto e de ilustração, passamos para a escolha de quais títulos os professores levariam a seus alunos. Curiosamente, uma das professoras escolheu um livro com texto simplificado demais, ilustrações sem autoria e com imagens de desenhos animados, justificando que, embora não fosse um livro que ela considerava bom, achava que seria mais palatável para as crianças menores, já que elas reconheceriam os personagens da televisão e poderiam, assim, entender e fruir melhor a história.

Esse acontecimento nos fez refletir: por que será que, mesmo sabendo que o livro não tinha qualidade, a professora o selecionou para seus alunos de quatro anos? Chegamos à conclusão de que, antes de discutir a qualidade do livro, precisamos descobrir e discutir qual é a ideia corrente do que as crianças *devem* gostar: qual a representação das professoras sobre o que as crianças gostam.

A afirmação da professora traz em seu bojo a ideia de que a nossa aproximação com a literatura se dá por meio do "entendimento", quando, na verdade, não é bem assim: nós nos encantamos com o texto, entramos na história, viajamos com as imagens e, claro, pensamos e atribuímos pensamentos ao que lemos ou ouvimos. Por que um texto e ilustrações bem elaborados não podem ser oferecidos às crianças, para que elas também entrem em contato com a beleza da língua e das imagens?

Foram inúmeras as vezes em que vimos professores apostarem em textos e ilustrações simplificados, com desenhos que estão presentes na mídia, imagens chapadas, quase como um carimbo do que se deve oferecer à infância. Quanto menor é o aluno, mais ele corre o risco de ter acesso apenas a esse tipo de livros, escolhidos com base na ideia de que oferecemos às crianças somente aquilo que elas já conhecem, porque é daquilo que elas "gostam". Mas como podemos gostar daquilo que não conhecemos?

Aqui encontramos outro equívoco frequente, que já ouvimos em várias situações de formação: não é importante partir daquilo que a criança sabe e se interessa? Sim! Mas para que ela conheça e faça suas escolhas, precisamos oferecer outras possibilidades para além do que já faz parte de seu repertório – precisamos alimentar seu repertório.

A escolha de um livro é algo complexo, que abrange diversos aspectos: o conhecimento do que tem sido publicado no mercado de livros, um repertório amplo, que permite o reconhecimento de quais são os bons autores e ilustradores, um olhar "treinado" para as qualidades textuais e narrativas, de ilustração e de edição – e é isso tudo que o professor ajuda as crianças a conhecerem quando escolhe um livro. Afinal, são conhecimentos que as crianças estão adquirindo e nosso objetivo é que elas, aos poucos, construam essas referências.

É papel da escola – e, portanto, deve ser do conhecimento dos professores, coordenadores pedagógicos e diretores – oferecer livros de qualidade para seus alunos, para que possam ampliar suas referências estéticas, tanto em relação ao texto quanto à ilustração. Sabemos que muitas das crianças que chegam às nossas escolas terão somente ali referências distintas da grande mídia, o que torna esse papel da escola ainda mais premente.

A educadora colombiana Yolanda Reyes (2011) afirma que "os bons livros de imagens podem ser o museu de uma criança". Essa bela frase nos faz pensar, no caso das ilustrações, tanto na qualidade artística que essas imagens podem possuir, quanto no alcance que podem ter para a criança que as observa.

Quanto aos detalhes... Não nos enganemos. As crianças os apreciam muito! Basta pensarmos em livros clássicos que há anos encantam os alunos da educação infantil, como *A casa sonolenta*; *O rei Bigodeira e sua banheira*; *A bruxa Salomé*; *Bruxa, bruxa, venha à minha festa*; entre outros.

Alguns aspectos podem ser considerados quando analisamos a qualidade de uma ilustração. Muitas vezes, ela é apenas um traço, um elemento que revela o diálogo que o ilustrador estabeleceu com o texto, sua visão da história, outros elementos que agregou, o que escolheu ressaltar, a técnica que elegeu utilizar: desenho, pintura, recorte e colagem, fotografia de personagens feitos de massinha, entre outras. Mas uma coisa é certa: as ilustrações têm autoria. Trazem o olhar de um artista para a história, revelam a forma como se aproximou daquela narrativa; sugerem emoções ao leitor, oferecem novas aproximações e apreciações sobre o livro.

Há ilustrações que só explicam a história, são as *redundantes*. E há as *complementares*, como o gato de Eva Furnari no livro de Lia Zatz, que complementam a história – essas ilustrações enriquecem a narrativa escrita por meio da narrativa de imagens.

TEM GATO NA HISTÓRIA?

Em um dos encontros de formação de professores do Projeto Memórias da Literatura Infantil e Juvenil, pelo Museu da Pessoa, em São Paulo, o grupo realizou uma entrevista com a autora Lia Zatz.

Ela contou que, em uma de suas muitas visitas às escolas para conversar com alunos, uma criança lhe perguntou a respeito de seu livro *Suriléa-mãe-monstrinha*: "Lia, qual é o personagem de que você mais gosta?". Antes de responder, Lia devolveu a pergunta ao menino: "Antes quero saber, qual é personagem de que você mais gosta?". O menino não titubeou: "O gato!". Lia levou um susto: "O gato? Mas não tem gato na minha história! Tem só a mãe e duas filhas". Porém, o menino continuava impávido: "Tem sim, em todas páginas, e o que eu mais gostei foi ele, o gato!".

Lia achou que o menino estava confundindo as histórias, mas resolveu olhar mais de perto as ilustrações de Eva Furnari. E não é que o menino estava certo? Curioso como todos os gatos, lá estava o personagem preferido daquele leitor muito atento: numa página, o gato estava atrás do sofá, na outra, embaixo da mesa, atrás da cortina, em cima da cama... E depois dizem que as crianças não percebem os detalhes! Aliás, é justamente o oposto: amparadas pelas ilustrações, inclusive para compreender e apropriar-se melhor das histórias, as crianças costumam ser muito mais atentas a elas do que nós, adultos já viciados em obter todas as informações por meio da escrita. ■

Há, ainda, livros em que imagem e texto são orgânicos: na falta de um, não se consegue entender a história, ou ela fica muito empobrecida. São os chamados livros ilustrados. Neles, a imagem não é coadjuvante, mas elemento preponderante na compreensão da obra. Embora esse tipo de livro não seja novo, vem ganhando espaço de publicação e é cada vez maior a recepção pela crítica especializada de literatura e arte. *A princesinha medrosa*, de Odilon Moraes, é um exemplo disso.

Não esqueçamos também os livros em que as imagens são a narrativa – os livros sem texto. *Flop*, de Laurent Cardon, é um deles. Nesses casos, quem cria o texto é o leitor, que pode construir uma história enquanto se deixa levar pela sequência de imagens.

LIVROS OU BRINQUEDOS?

E os sons, *pop-ups* e outros recursos que fazem do livro um brinquedo? Será que sua simples existência garante mesmo qualidade ao livro? Muitos desses livros se encaixam na categoria de livro-brinquedo, que tem, entre outras, a função de aproximar as crianças do livro como objeto social.

Não é raro observar a presença dos sons, *pop-ups* e outros recursos, como critérios centrais na escolha de livros para a educação infantil, o que nos leva a questionar: será que não persistem aqui as mesmas ideias que sustentam outros mitos escolares? Por exemplo, a crença de que a criança pequena não vai se interessar tanto pelo texto e pelas ilustrações, mas pelo brinquedo em que o livro poderá se transformar?

Os livros-brinquedo não devem tomar o lugar de narrativas que oferecem outro tipo de experiência – há espaço para os dois. Uma boa história, um enredo bem elaborado e uma narrativa bem escrita certamente chamarão a atenção das crianças e lhes darão a oportunidade de imaginar, pensar e sonhar. Um bom livro oferece experiências complexas e ricas, que se renovam a cada aproximação. O brinquedo também tem a sua função e o seu momento. ■

SEXTO MITO
Conversar é pouco: sempre é preciso fazer uma atividade depois de ler[4]

O regresso ao texto por meio da conversa sempre traz algo novo. A princípio para quem fala, já que escuta enquanto diz a outros o que o texto suscitou em si e desse modo ensaia a sua leitura como um músico quando lê uma partitura.

Cecília Bajour

Cena um tanto comum nas escolas, depois de o professor ou a professora ler um texto literário para as crianças, é a proposta de uma atividade gráfica ou dramatização. Quando perguntamos a eles o porquê, se surpreendem com a questão, pois parece ser necessário que os alunos produzam algo tangível na escola. De preferência, usando papel.

Ao passar pelas salas de educação infantil, é frequente encontrarmos desenhos da cena preferida, do personagem mais marcante ou de um cenário da história lida. Muitas vezes, esses desenhos são cópias das ilustrações do livro; outras,

4 Trechos deste capítulo foram publicados em CARVALHO, Ana Carolina. "Que conversa é essa depois da leitura?". Revista *Avisalá*, nº 58, maio de 2014.

são desenhos de autoria. No ensino fundamental, as propostas costumam mudar um pouco. Depois de ler, vale fazer um cartaz, escrever uma frase sobre a história, o nome do personagem preferido, um final diferente ou um resumo, além, é claro, da conhecida "prova do livro". Ou dramatizar a história.

Será que essas atividades de fato ampliam os sentidos que o leitor pode construir sobre o texto literário? O que os leitores costumam fazer depois de ler? Quantos de nós desenhamos? Escrevemos um final diferente? Encenamos trechos da história no cotidiano? Se queremos evidenciar e ensinar aos alunos as múltiplas dimensões da leitura literária, em que tais atividades contribuem?

Leitura e desenho?

Já nos deparamos com professores que ficam indignados quando questionamos as propostas de desenho após uma leitura. "É importante para as crianças desenharem!" – justificam. E continuam: "Se o desenho é tão presente para as crianças, por que não aproveitar essa forma de expressão para que revelem o que pensaram sobre a leitura?".

Logicamente, o desenho tem de habitar o cotidiano da escola, deve ser foco de investimento constante, diário, permanente do professor, que precisa também conhecer a evolução do desenho infantil e o percurso das crianças nessa linguagem para propor atividades que possam instigá-las, oferecer desafios e condições para que elas utilizem essa modalidade para se expressar. Mas o desenho, em toda sua importância, não faz parte dos comportamentos leitores.

Em encontros de formação, algumas vezes propusemos que os adultos desenhassem depois de uma leitura literária compartilhada. Quanta reclamação! Não era raro ouvir, em uníssono: "Nós não queremos desenhar, queremos falar sobre o texto, conversar sobre o que sentimos, contar algo de que nos lembramos, trocar impressões com outros leitores".

E é muito lógico que os professores queiram fazer tudo isso depois de uma leitura, pois é de fato o que fazemos quando lemos e desejamos compartilhar nossas impressões com outras pessoas. Esses são comportamentos leitores típicos, que utilizam a linguagem oral, em conversas. Não desenhamos, nem escrevemos outro final. Então, por que pedir isso às crianças?

FAZER LIVROS NA ESCOLA?

Propor desenhos sobre a história após a leitura é diferente de promover atividades que envolvem a elaboração de livros. É frequente vermos crianças juntando páginas e produzindo os próprios livros, com inúmeros desenhos, espontaneamente. Isso nos mostra que elas estão observando os vários elementos que compõem um livro – como a capa, a contracapa, o diálogo entre texto e imagem. O professor atento pode lançar mão desse recurso, entendendo o desenho ou o uso de qualquer outra técnica das artes visuais como ferramenta para a ilustração. No entanto, é preciso ter claro que apenas propor a produção de ilustrações às crianças é um procedimento que deixa de lado o uso de vários e importantes comportamentos leitores. ■

Peça teatral ou dramatização?

Em encontros de formação, também é frequente ouvirmos afirmações dos professores sobre a pertinência de propostas de dramatização de histórias que os alunos acabaram de ouvir ou de ler: afinal, elas não ajudam os alunos a se apropriarem do texto literário?

Podem ajudar na apropriação do conteúdo do texto, mas será esse o objetivo último da formação de leitores? É para isso mesmo que lemos literatura? O que mais importa numa história é a maneira como foi escrita, o trabalho do autor, o jeito como ele conta algo, a forma como nos enreda em suas tramas. Quando escolhemos propor uma atividade de dramatização, em geral descartamos esse precioso trabalho, que define a qualidade do texto literário.

Na maioria das vezes, os professores assumem o papel do narrador nas dramatizações, enquanto as crianças "atuam" como personagens de histórias conhecidas – frequentemente, contos tradicionais. Quando as crianças falam, em geral repetem as frases ditas pelo professor. Tais narrativas eliminam o texto, simplificando a linguagem, substituindo expressões que marcam os diferentes gêneros, descaracterizando o trabalho do autor.

Mas não existem romances e contos adaptados para o teatro? Sim, evidente. E esses se prestam à dramatização. Seria preciso realizar a adaptação do texto lido, o que em geral não acontece em sala de aula. Certamente, caberia muito mais dramatizar textos teatrais que, aliás, costumam entrar pouco na escola. Escrever e montar uma peça teatral implica usar diversos conhecimentos, incluindo os desse gênero textual específico.

É importante conhecer a linguagem do teatro para dramatizar. Assistir a boas peças teatrais amplia o repertório das crianças, possibilitando que usem sua experiência de espectadores como referência para participar de alguma dramatização. Ler para conhecer como o texto teatral se organiza é fundamental. Há, hoje, no mercado, vários livros com peças teatrais infantis.

Vale a pena fazer uma distinção entre a dramatização proposta pelos professores e a brincadeira criada pelas crianças em torno de personagens de livros. É comum, em momentos de faz de conta, ver as crianças assumindo o papel de algum personagem marcante. O brincar é atividade espontânea das crianças e deve assim ser respeitado. Observando as escolhas de seu grupo, o professor pode planejar uma sequência de leituras que dialogue com a brincadeira. Por exemplo, percebendo que o grupo tem brincado de lobo ou de príncipes e princesas, o professor pode planejar ler vários contos com esses personagens, apresentando uma variedade de lobos e de príncipes e princesas, de maneira a "alimentar" a brincadeira. O faz de conta das histórias alimenta o faz de conta das brincadeiras.

Conversa é conteúdo escolar?

Até pouco tempo atrás, a linguagem oral não era vista como conteúdo escolar: não era necessário ensinar a conversar. O aluno estava na escola para aprender e falava apenas quando o professor assim o solicitava, em chamadas orais, por exemplo. Em 1997, os Parâmetros Curriculares Nacionais de Língua Portuguesa incluíram intencionalmente a oralidade entre seus conteúdos, incentivando o trabalho com gêneros orais no ensino fundamental:

> Cabe à escola ensinar o aluno a utilizar a linguagem oral nas diversas situações comunicativas, especialmente nas mais formais: planejamento e realização de entrevistas, debates, seminários, diálogos com autoridades, dramatizações etc. Trata-se de propor situações didáticas nas quais essas atividades façam sentido de fato[5], pois seria descabido "treinar" o uso mais formal da fala. A aprendizagem de procedimentos eficazes tanto de fala como de escuta, em contextos mais formais, dificilmente ocorrerá se a escola não tomar para si a tarefa de promovê-la. (BRASIL, 1997, p. 27)

> Os Referenciais Curriculares Nacionais, por sua vez, indicam a necessidade de um trabalho sistemático com a linguagem oral desde a mais tenra idade, com o objetivo de a criança ampliar gradativamente suas possibilidades de comunicação e expressão, interessando-se por conhecer vários gêneros orais e escritos e participando de diversas situações de intercâmbio social nas quais possa contar suas vivências, ouvir as de outras pessoas, elaborar e responder perguntas. (BRASIL, 1998, p. 131)

O ensino da conversa passou, então, a figurar como objetivo didático – lembrando que conversa não é um gênero, mas uma mistura deles, a depender do que se fala, em que situação, com quem. No que tange à leitura, a con-

5 Quando se usa aqui a expressão "de fato", a intenção é marcar a existência sociocultural extraescolar dessas atividades discursivas, sua existência no interior de práticas sociais comunicativas não escolarizadas. Ao longo deste documento a expressão foi usada também referindo-se a textos, a usos da linguagem, a circunstâncias de enunciação etc.

versa é foro privilegiado de troca de impressões, indicações e opiniões.

Na escola, existe uma crença de que a produtividade escolar está atrelada a produtos tangíveis, registros em papel – material nobre, cujo destino são as pastas, os murais e, finalmente, a casa, em que a família poderá reconhecer e comprovar o trabalho realizado. Essa crença reduz o reconhecimento das aprendizagens das crianças a algum vestígio: é preciso uma prova concreta, registrada, para que se avalie o avanço – ou não. Nesse sentido, a escrita ganha um lugar de destaque na hierarquia dos conteúdos – afinal, falar todo mundo sabe; mas escrever é outra história.

Então, o que fazer depois de ler?

Em suas palestras, o escritor Bartolomeu Campos de Queirós frequentemente questionava a necessidade de a escola medir tudo, dar nota para tudo. No caso da literatura, é possível medir a relação dos alunos – ou de qualquer pessoa – com o texto? Para que caminhos um texto pode nos levar? Que conhecimentos, pensamentos, experiências acionamos quando lemos? Será que nós mesmos, como leitores, temos consciência de tudo o que pensamos quando lemos um livro literário? Temos consciência de algumas coisas, mas não de todas.

Temos que considerar que muito do que os alunos pensam ou sentem pode nos *escapar*. Não porque fomos displicentes ou maus professores, mas porque essa é uma condição da literatura. Os silêncios do texto, sua força, a maneira como é construído são alguns dos fatores que determinam aproximações subjetivas, e se a escola pretende formar leitores, terá de lidar com este fato inexorável: *não vai ter acesso a tudo o que o texto provoca em seus leitores.*

A crítica literária infantojuvenil Cecília Bajour, em seu livro *Ouvir nas entrelinhas – o valor da escuta nas práticas de leitura*, afirma que falar sobre um texto é, de certa forma, "voltar a lê-lo" e a conversa pode ser muito reveladora sobre como nos relacionamos com aquela leitura, de que maneira aquele texto nos tocou, o que pensamos sobre ele. Quando conversamos sobre uma leitura, nos apropriamos dela de outra maneira, reconhecemos seus efeitos em nós.

> A explicitação daquilo que sussurra nas cabeças dos leitores – ou seja, a manifestação da palavra, do silêncio e dos gestos que o encontro com os textos suscita – leva-me a compartilhar a afirmação de Aidan Chambers de que o ato de leitura consiste em grande medida na conversa sobre os livros que lemos. Em seu livro *Diga-me*, imprescindível para pensar o tema da escuta, ele inclui o texto de um colega que cita Sarah, uma menina de oito anos: "Não sabemos o que pensamos sobre um livro até que tenhamos falado dele". (BAJOUR, 2012, p. 22)

Bajour vai um pouco mais longe ao desenvolver a ideia de que a conversa com outros leitores também possibilita novas construções de sentido. Por meio de conversas, trocas de impressões sobre o texto – que incluem fragmentos de ideias, sensações, associações –, podemos ampliar nossa relação com ele, expandir os sentidos, dialogando com os olhares de outros leitores.

A conversa entre leitores é um comportamento, uma ação a ser aprendida e aprimorada. Se a escola pretende formar leitores, é também sua função proporcionar trocas significativas, conversas entre leitores que possam *ressignificar* e enriquecer os entendimentos e as associações possíveis que o texto pode propiciar.

Na conversa após a leitura, as crianças colocam em jogo muitas habilidades: perceber o efeito da leitura, o que sentiram, pensaram, associaram; elaborar um discurso para compartilhar essas ideias; ouvir e entender o que os outros têm a dizer; formar uma opinião; fazer uma parada para olhar para a beleza do texto e conversar sobre o modo como o autor nos apresenta aquilo que deseja contar.

Para promover um rico momento de aprendizagem, é preciso que o professor tenha clareza da complexidade envolvida numa roda de conversa, e que ele mesmo participe usualmente de situações semelhantes. Sabemos que muitos professores não tiveram essa oportunidade na vida e estão se experimentando leitores, ao mesmo tempo que estão no papel de formadores de leitores. Nesse sentido, cabe muito bem a expressão "trocar o pneu com o carro andando". É preciso que os espaços de formação na escola promovam e incentivem a constituição desses professores leitores.

A conversa após a leitura existe na escola, mas, muitas vezes, ela costuma seguir contornos específicos, que se relacionam com a própria história de inserção da leitura no meio escolar.

Literatura e moral. De onde isso vem?

A literatura infantil nasceu no final do século XVII, como importante aliada dos adultos na formação moral da criança e do jovem, configurando-se em um instrumento poderoso para a perpetuação das normas e dos valores predominantes da classe burguesa em ascensão. Textos edificantes, moralizantes, em que a criança ora é mostrada como ser idealizado – a criança limpinha, boazinha, com boas maneiras –, ora é mostrada como ser selvagem, que precisa ser exemplarmente corrigido pelo adulto.

É a literatura escrita como "exemplo" de vida: a premiação pelo trabalho e pela obediência. Se buscarmos em nossa memória textos com esse caráter, encontraremos alguns exemplos, pois, embora tenhamos nascido em outros tempos, esse tipo de literatura ainda perdura.

Há que se diferenciar a literatura moralista escrita para crianças dos textos de tradição oral, como contos tradicionais e fábulas. A partir do século XVII, os contos tradicionais foram compilados e escritos por autores, com base em pesquisas com pessoas do povo. Esses textos eram originalmente destinados tanto aos adultos quanto às crianças, que se reuniam para ouvi-los. Robert Darnton, historiador norte-americano especializado em história da França do século XVII, afirma que os camponeses do Antigo Regime francês

> tentavam entender o mundo em toda sua barulhenta e movimentada confusão com os materiais de que dispunham. Esses materiais incluíam um vasto repertório de histórias tiradas da antiga tradição

> indo-europeia. Os contadores de histórias camponeses não achavam as histórias apenas divertidas, assustadoras ou funcionais. Achavam-nas “boas para pensar”. Reelaboravam-nas à sua maneira, usando-as para compor um quadro da realidade e mostrar o que esse quadro significava para as pessoas das camadas inferiores da ordem social. No processo, infundiam aos contos muitos significados cuja maioria se perdeu, porque estavam inseridos em contextos e desempenhos que não podem ser reconstituídos [...] Os contos franceses [...] mostram como é feito o mundo e como se pode enfrentá-lo. (DARNTON, 2011, p. 92-93)

Nas diferentes épocas em que foram compilados e reescritos, os contos tradicionais foram adquirindo propósitos e características distintos. Para citar dois exemplos conhecidos: Charles Perrault (1623-1703), autor francês, pesquisava, registrava e contava histórias orais para a corte, visando ensinar as regras de civilidade, assunto em pauta naquela época. Já os irmãos alemães Wilhelm Grimm (1786-1859) e Jacob Grimm (1785-1863) escreveram versões dos contos tradicionais locais para serem lidos pelas famílias, visando à educação das crianças.

À medida que os contos tradicionais foram sendo incorporados pela literatura infantojuvenil, seu caráter educativo e moralizante foi se consolidando. Ainda assim, como as fábulas, são histórias que oferecem muitas camadas de leitura, para além da puramente moralizante. Segundo Tatar (2004, p. 10-11),

> Benjamin[6] nos lembrou que a moralidade referendada nos contos de fadas não está isenta de complicações e complexidades. Embora possamos todos concordar que promover o "bom humor" é uma coisa boa para a criança fora do livro, podemos não concordar necessariamente que a "astúcia" seja uma qualidade que desejamos encorajar ao exibir suas vantagens. Os primeiros comentadores dos contos de fadas não demoraram a perceber que seus ensinamentos morais não coincidiam necessariamente com os programas didáticos.

Ler e conversar sobre o que o texto nos havia feito pensar, imaginar e sentir era o melhor caminho para que aqueles professores experimentassem variadas abordagens da literatura em sala. Foram inúmeras rodas de leitura, de conversas e reflexões sobre as razões históricas de a literatura ainda servir como desculpa para uma lição de moral.

Havia chegado o momento de Clara, uma das professoras, realizar a roda de leitura para o grupo e preparar uma conversa. Eu havia levado o livro *O círculo dos mentirosos – contos filosóficos do mundo inteiro*, de Jean-Claude Carrière, que traz uma seleção de contos tradicionais de vários lugares do mundo e costuma fazer muito sucesso entre leitores das mais variadas idades. Escolhido o conto, Clara preparou a leitura, pensou em como a apresentaria para os colegas – tudo feito com o maior cuidado e envolvimento.

A leitura foi linda! Clara leu com entonação, preocupando-se com a escuta dos outros, fazendo algumas

6 Walter Benjamin (1892-1940) foi ensaísta, crítico literário, tradutor, filósofo e sociólogo judeu-alemão associado à Escola de Frankfurt.

paradas estratégicas, olhando para seu público, atenta que estava à maneira como seus ouvintes relacionavam-se com o texto que lia. Ao final da leitura, a conversa. Clara também havia planejado esse momento e deu sua interpretação: o conto nos mostrava o quanto deveríamos cuidar de nossas crianças na escola.

Já havíamos discutido muito sobre a liberdade do leitor frente a um texto, e tido conversas em que muitos sentidos diferentes haviam sido construídos com base nas experiências de vários leitores. No entanto, naquele momento, pareceu que a interpretação de Clara era a única possível, e resvalava em uma lição de moral. Por que essa aproximação havia prevalecido? Uma prática tão comum de acontecer! Notei que corríamos o risco de a conversa virar um monólogo, com a professora “decifrando” o texto, contando ao grupo o que “na verdade” aquele texto queria dizer.

É necessário que os professores vivam muitas vezes a experiência de troca entre leitores, em especial aqueles que não tiveram tal oportunidade. A explicação de Clara teve o mesmo efeito que a fala de um professor costuma ter nas crianças: todos se calaram, aceitando suas colocações como verdade. Esse é o efeito mais sério que tal direcionamento da leitura literária pode causar: o calar-se sobre o texto. É sério porque mina o que há de mais rico em relação à literatura: a construção de uma experiência, um diálogo pessoal com os textos.

Para mudar o rumo da prosa, propus o caminho oposto: “Nossa, eu pensei algo totalmente diferente; já que andamos falando sobre os diferentes modos de um texto tocar seus leitores, acho importante circular outras aproximações. O que esse texto me fez pensar foi como nós, muitas vezes, nos aferramos às regras sem contestá-las, como no caso desses pombos da história, que, para seguirem as regras da hospitalidade, acabaram morrendo. Será que às vezes não vale revermos certas regras? O quanto elas fazem sentido?".

Outras opiniões e exemplos retirados da própria vida surgiram e conseguimos, juntos, ampliar os sentidos e associações daquele texto. E superar uma abordagem reducionista.

Esse relato aponta para algumas questões: a necessidade de planejar a conversa; a importância de o professor se colocar como leitor que entra em contato com o texto e pensa sobre ele, sem procurar encontrar uma verdade, uma lição; a importância da circulação de opiniões e da construção de múltiplos sentidos por todos; a necessidade – e ao mesmo tempo, *condição* – de escuta em uma roda de conversa. O que será que o outro tem a dizer? Como cada um ouviu e se aproximou da história? A escuta deve estar sempre em pauta, fazer parte dos objetivos do professor.

Como o professor pode se colocar em relação a um texto, de maneira a propiciar uma boa troca? A dúvida é recorrente, o que revela o quanto os professores não vivenciaram conversas significativas e subjetivas depois de ler. Para começar, cada um deve se fazer muitas perguntas depois de ler um texto, expandindo suas opiniões para além dos meros "gosto ou não gosto". Alguns questionamentos podem ajudar o professor a planejar esse momento:

- Por que eu gosto deste texto? O que me encanta nele?
- No que ele me faz pensar?

- Há algo de que ele me faz lembrar? Um fato ou história?
- Algum trecho me emocionou? Por quê?
- Será que o modo como o autor escreveu o texto, escolheu as palavras, a sonoridade, me tocou?
- Levando em conta o que conheço das crianças, qual personagem as encantaria? Por quê? Sentiriam medo? Empolgação com determinado trecho? Poderiam se lembrar de outra história que já li para elas? Qual?
- Por que achei o texto engraçado? O que, na forma como o autor escreveu, o torna engraçado? Há palavras inventadas? Partes absurdas? Junção de situações esquisitas, improváveis?
- Como essas aproximações poderiam ser compartilhadas com os alunos?

Enfim, são muitas possibilidades. O professor escolhe alguns caminhos, dependendo do texto, da conversa que deseja propor, considerando que é sempre interessante variar o modo de iniciá-la, para que algo não se fixe de modo absoluto. Por exemplo, se o professor faz sempre uma associação da leitura com outras histórias, os alunos acabam achando que esse é o único modo de conversar sobre o que leram, quando, na verdade, há diversas possibilidades. É o texto e a maneira como ele nos convoca que pedem uma ou outra abordagem.

Algo precisa sempre estar presente: o contato pessoal do professor com o texto e uma curiosidade em relação ao que seus alunos acharam daquela leitura, da experiência com o texto que acabaram de conhecer. Por mais que a conversa tenha sido bem planejada, o elemento surpresa precisa estar presente: seguir o rumo da prosa do grupo é importante. O professor não precisa preocupar-se em fechar a conversa, em concluí-la. Conversas sobre leituras não precisam oferecer respostas. Os alunos podem sair com muitas perguntas sobre si mesmos e sobre a vida. Por que não?

Histórias que facilitam ou restringem

Além do planejamento da conversa, a escolha do texto pode ampliar ou reduzir os caminhos de troca entre leitores. Anteriormente, apresentamos dois exemplos de rodas de conversa baseadas em bons textos literários, que conseguiram superar, a partir da reflexão sobre a prática, uma abordagem reducionista.

A qualidade literária dos textos escolhidos abre caminho para conversas mais ricas depois da leitura. Muito mais do que dar respostas, os dois textos ofereceram espaços, respiros para pensar sobre a vida, sobre as pessoas, as relações entre elas, diferentes maneiras de estar no mundo – possibilitando ao leitor um diálogo que aciona suas percepções e pensamentos e colore a leitura com as tintas de sua experiência.

Além da conversa depois da leitura, a escola também pode e deve ensinar outros comportamentos leitores, como indicações literárias de alunos e professores, por meio de mural localizado em local acessível, no site ou blog da escola, na sala de leitura ou biblioteca, na entrada da escola ou no pátio; a leitura de resenhas e de textos de opinião sobre os livros oferecidos, seja como parte importante do processo de escolha ou para subsidiar reflexões posteriores sobre o que foi lido; produção de resenhas e textos de opinião dos livros preferidos pelos alunos.

Comportamento leitor é mito?

Considerar que a leitura vai além da aquisição de certas habilidades de decodificação trouxe novos aspectos a serem apreciados e aprendidos pelos leitores durante sua formação. A ideia de que não lemos todos os textos da mesma maneira e de que desenvolvemos diferentes ações frente a eles e aos objetivos que temos em relação às leituras nos impõe outras tramas a serem consideradas quando estamos formando os nossos alunos como leitores.

Ler e ser leitor não significa somente ser alfabetizado, mas saber diferenciar os textos e suas funções. Ler implica atribuir sentidos, pensar sobre aquilo que lemos a partir de nossa própria experiência, como já falamos tantas vezes por aqui. Ler e ser leitor significa tomar um livro em mãos e saber reconhecer as informações que ele traz: localizar informações sobre o autor, o índice, os títulos do capítulo, o ilustrador. Ler e ser leitor significa saber o que dizer sobre uma leitura, conversar, trocar informações e impressões sobre o que lemos, ouvir sugestões e sugerir, saber encontrar um livro numa biblioteca ou livraria. Podemos, portanto, exercer muitas dessas ações, ou comportamentos leitores, muito antes de sabermos decodificar um texto, porque podemos aprender todos esses comportamentos, por exemplo, observando professores que nos servem de modelos, adultos à nossa volta, colegas mais velhos etc. Por isso dizemos que ensinar comportamentos leitores é parte inextricável do formar-se como leitor.

No entanto, ainda que surjam como conteúdos escolares, eles não podem ser vistos como fins, mas como meios que garantem a experiência da leitura. Nesse sentido, concordamos com Teresa Colomer (2007, p. 38), quando ela diz:

> É necessário partir da ideia de que "saber como se faz". Ou seja, como se estrutura uma obra ou como se lê um texto, não é um objetivo prioritário em si mesmo, senão um meio para participar mais plenamente de experiência literária, um instrumento a serviço da construção do sentido e da interpretação pessoal das leituras.

Para encerrar e contextualizar um pouco melhor o que afirmamos quando receamos que os tais comportamentos leitores, quando não encarnados, podem virar novos mitos, ou algo que fazemos, mas não entendemos muito bem por que, repetindo, simplesmente, a missa, trazemos um relato de uma experiência de formação.

DIÁRIO DE FORMAÇÃO

O leitor: em permanente construção

Formador: Ana Carolina
Grupo de professores de uma escola de educação infantil.
Município da Grande São Paulo, 2013.

Em um grupo de formação, abordei várias vezes com as professoras o tema do que fazer depois de ler uma história com as crianças.

Conversamos muitas vezes sobre o casamento que encontramos na escola entre literatura e moral. Por que caíamos tão facilmente na armadilha de usar a literatura para lições de moral? Em uma de nossas conversas, uma das professoras disse: "Porque essa foi a aproximação que tivemos com a literatura na escola, isso está muito marcado na gente e na hora da conversa é muito difícil fazer diferente, propor outra discussão para as crianças, pensar o texto de outro modo, diferente da lição de moral".

Nesses encontros de formação, procurávamos entender ao que respondia a necessidade de moralizar as crianças via literatura, quais eram as origens da união entre literatura e moral e para o que ela servia. Além de procurar compreender esse contexto, também líamos muito, sempre propondo outras formas de aproximação com o texto.

O que faz uma pergunta ser boa?

Formador: Ana Carolina
Grupo de professores de escola de educação infantil.
Município da Grande São Paulo, 2013.

Temos analisado algumas rodas de leitura com foco na conversa entre as crianças e os professores. Ontem, senti que todos saíram felizes e cheios de questões sobre as maneiras de conduzir conversas após a leitura, e como podemos elaborar boas perguntas para as crianças.

A conversa que analisamos coletivamente nos permitiu considerar em que lugar a professora, ao realizar diferentes tipos de perguntas, colocava seus alunos e como entendia o papel do leitor. A história escolhida – *O Grúfalo*, de Julia Donaldson e Axel Scheffler (1999) – fez o maior sucesso entre as crianças e permitiu intensa aproximação com o mundo infantil, ao tratar de temas como medo, monstros, as artimanhas do pequeno em relação ao grande, a relação com o fantástico.

Algumas perguntas formuladas – qual seu sentido?

- O ratinho fez certo ao enganar o Grúfalo?
- É certo enganar as pessoas?
- Que outra coisa o ratinho poderia ter feito?
- Vocês se lembram de outras histórias com monstros?
- Eles eram parecidos com o Grúfalo? Em quê?
- Eram diferentes? Como?

Percebemos que, nas primeiras perguntas, a professora se ateve ao modo tradicional de a escola pensar o leitor: como aquele que dá as respostas "corretas", de acordo com o conteúdo da história, bem ao modo antigo da "interpretação de texto".

Na medida em que a leitura do registro da roda evoluía, observamos que a professora passou a realizar perguntas mais pessoais, que procuravam ouvir a opinião das crianças e que as levavam a estabelecer relações com monstros de outras histórias. Analisar cada pergunta e refletir sobre o lugar em que a criança era colocada – como leitora ativa ou não – nos ajudou muito no trabalho de tematizar a prática.

Saímos com uma boa estratégia para o planejamento da próxima roda de conversa: não apenas elaborar perguntas, mas refletir sobre que respostas a pergunta permite. Será que ela promove o pensar sobre o que o leitor sentiu, traz à tona as associações que estabeleceu com aquela leitura?

A análise de outras rodas de leitura e a discussão sobre o texto "A arte de conversar com as crianças sobre suas leituras", de Ana Garralón (2012), ajudaram em nossas reflexões. Em conjunto, pudemos pensar em algumas possibilidades para encaminhar a conversa depois da leitura de *O Grúfalo*. Por que não falar sobre o medo? Por que não falar sobre a diferença de tamanhos – o ratinho, tão pequeno, e o Grúfalo, tão grande e assustador? Eis algumas perguntas sugeridas pelo grupo de professores:

- O ratinho era tão pequenino, tão frágil. Por que será que ele não tinha medo dos outros animais nem do Grúfalo, que era tão monstruoso?
- E o Grúfalo, então, com medo do ratinho? Quando estava lendo, lembrei-me de que nós também temos

medo de bichos muito menores do que a gente. Eu, por exemplo, tenho medo de barata!

- Lembrei-me de outras histórias que lemos e que falam de personagens pequenos e mais espertos do que os grandes. Por que será que isso é comum nas histórias?

Comportamento leitor é antes de tudo ação (depois é que virou teoria)

Formador: Ana Carolina
Formação de professores da educação infantil.
São Paulo, 2012.

Depois de ler para o grupo de professores, fiz uma retomada sobre o meu planejamento dos três momentos da roda: o antes, o durante e o depois da leitura. Procurei evidenciar como eu havia formulado as intervenções, destacando a abordagem dos comportamentos leitores.

Durante os comentários do grupo, percebi que os professores, assim como tantos e tantos por aí, sabiam rezar a missa direitinho, ou seja, falavam e refalavam, de trás para a frente, os tais comportamentos leitores, quais são e por que é importante que sejam praticados.

No entanto, na atividade seguinte, quando pedi que planejassem uma roda de leitura, atentando para os comportamentos leitores, as intervenções trazidas estavam reduzidas a antecipações muito simples sobre o texto: nome do autor, ilustrador, editora. Depois da leitura, o mais comum eram perguntas sobre se haviam gostado ou não. Tudo isso diz respeito aos comportamentos leitores, mas o planejamento poderia trazer mais elementos para as conversas, aprofundando sentidos e aproximações.

A dificuldade de planejar intervenções mais elaboradas para o momento da leitura mora no mesmo lugar da dificuldade de planejar conversas. São vizinhas geminadas! Se o professor não lê com frequência, os tais comportamentos acabam ficando externos, aprendidos como teoria, mas não encarnados como ação, que é o que eles são de verdade.

Comportamento leitor não é que o devemos fazer com as crianças, porque está escrito no livro, virou teoria – é o que fazemos quando lemos.

SÉTIMO MITO
Na escola, quem escolhe a leitura é o professor

Naquele dia descobri que há caminhos entre os livros e que, entre os caminhos, há sempre um caminho pessoal para transitar nesse bosque.

María Teresa Andruetto

É muito frequente conversarmos com professores que se sentem inteiramente responsáveis pela escolha da leitura literária, seja porque se colocam nessa posição ou porque a instituição em que trabalham assim o exige. Por isso, é comum que já tenham uma lista de livros que compartilham com os alunos, ano após ano. É evidente que muitas escolhas de leituras literárias serão inevitavelmente feitas pelo professor, uma vez que sua função é ensinar e apresentar o conhecimento já construído pela humanidade – no nosso caso, o conhecimento literário: obras e autores consagrados, reconhecidos pela crítica ao longo da história. Mas e a produção literária contemporânea? Ela deve ser deixada de lado?

Mais uma pergunta importante: será que apenas o professor é responsável pelas escolhas dos títulos literários? Onde fica a voz dos alunos? Suas contribuições, suas histórias como leitores?

As escolhas do professor

Comecemos abordando o papel do professor na escolha das obras a que os alunos terão acesso, seja por meio da leitura compartilhada, seja pela indicação de leitura aos alunos. Como ele faz essas escolhas?

Da mesma forma que cada leitor faz a escolha dos textos que vai ler com base em um propósito, o professor também o faz quando seleciona um título para compartilhar. Em geral, ele escolhe as leituras para apresentar determinado gênero literário; ampliar o repertório de seus alunos; começar uma discussão; "trabalhar" certo tema ou autor; promover o encantamento dos alunos com a leitura.

Sabemos que os professores escolhem a partir do que conhecem, dos livros que já leram – enfim, a partir de sua experiência leitora –, mas também por indicações dos divulgadores de editoras, por orientações da escola, pelas trocas com outros professores.

Embora a escolha dos livros possa se dar por muitos caminhos, entendemos que o fato de o professor ser leitor e conhecer títulos variados é um elemento crucial para que o leque de livros sugeridos possa se ampliar. Se o repertório do professor for limitado, se ele não se aventurar por novos títulos, está fadado a recomendar os mesmos livros ano após ano. É o caso de professores que acreditam que apresentar obras e autores que já são reconhecidos pela crítica e pela história basta. Muitas vezes, eles não se aprofundam no conhecimento de como a geração de seus alunos está enxergando o mundo, convencidos de que sua seleção é "a melhor", e mostram desinteresse por novos títulos e autores que chegam ao mercado – que, apesar de poderem dialogar mais de perto com os dias atuais, não são ainda consagrados.

Mesmo os professores que investigam a produção da literatura infantil – acompanham os lançamentos editoriais, visitam frequentemente livrarias, seguem blogs sobre o assunto, leem indicações literárias de jornais e revistas –, muitas vezes têm dificuldades de eleger ou explicitar critérios sobre como escolher livros para os alunos. Se, por um lado, há a necessidade de apresentar aos alunos os autores canônicos, reconhecidos pela excelência de seus textos, por outro, é fundamental ampliar o acervo leitor das crianças, apresentando novos autores.

Nos últimos anos, a partir de um movimento que se iniciou na década de 1970, vemos um *boom* editorial de produções infantojuvenis. A cada ano, inclusive por conta de programas de governo e de políticas de incentivo à compra de livros para as escolas, vemos aumentar o número de publicações destinadas ao público jovem e infantil. No entanto, é curioso que, em muitas escolas, ainda vejamos sempre os mesmos autores circulando. As mesmas coleções que estão há anos nas prateleiras das escolas. Por que isso acontece? O nosso primeiro argumento é que ainda é muito difícil para o professor escolher um livro. O que levar em conta? Como saber que o livro de um autor estreante é bom, se ele ainda não ganhou o "selo de qualidade da crítica"? Ou então, como reconhecer se o que o autor consagrado escreveu tem sempre qualidade? Será que é possível escrever centenas de livros, todos bons e de mesma qualidade? Pode acontecer, mas é difícil. O normal é que mesmo os autores muito consagrados oscilem em relação à qualidade do que escrevem. Antes de tudo, o professor necessita ser um leitor, conhecer o que está sendo publicado no meio e procurar reconhecer alguns elementos que garantem qualidade no texto, como citado no segundo mito.

E a leitura pelo aluno?

Mesmo na sala de aula e dentro da grade curricular, é interessante que o aluno possa realizar escolhas de leitura e ler por conta própria. Precisamos distinguir formas de ler literatura na escola. Há aquelas que envolvem todo o grupo de alunos e a escolha fica nas mãos do professor, que deverá considerar aquilo que seus alunos precisam aprender em relação à diversidade literária, no que diz respeito aos gêneros, aos autores, às produções locais ou estrangeiras, contemporâneas ou não.

Se há as escolhas de livros a serem lidos por todos, há também os livros que precisam circular livremente pela escola, pela sala de aula, para serem escolhidos pelos alunos. Por que isso é tão importante? Porque um tanto da formação do leitor passa pelo seu gosto, pelas suas escolhas – e se é assim na vida, por que deveria ser diferente na escola? Nesse sentido, é fundamental que a escola ofereça diversidade, textos mais simples, mais complexos, livros que fazem parte do processo de socialização dos leitores, ou seja, que estão sendo amplamente compartilhados, que possam fazer parte de conversas e trocas entre leitores. Livros que interessem às crianças, que dialogam com o que vivem, dentro e fora da escola.

As crianças necessitam exercitar-se nessa prática, sentir-se parte de um todo maior de leitores. Por isso, é fundamental que os livros estejam *sempre ao seu alcance*, disponíveis em uma pequena *biblioteca em sala de aula*, que deve oferecer diversidade literária não apenas quanto aos estilos e gêneros, mas também quanto ao grau de facilidade e dificuldade de leitura, de modo que atenda à diversidade de competência leitora dos alunos – desde que a facilidade não seja confundida com textos simplificados e sem qualidade literária, mas considerando o quanto os leitores dominam alguns títulos com maior ou menor esforço.

Muitas vezes, a escola deixa de oferecer certos livros aos alunos por considerar que já avançaram em sua competência leitora ou por já ter uma ideia definida de textos que possam agradar ou ser mais adequados a determinadas faixas etárias. Desconsideram que os leitores sentem muito prazer ao reler livros conhecidos, quer porque tocam em suas memórias leitoras, trazendo associações com aquilo que foi vivido pelo leitor na época em que o livro foi lido, quer porque o leitor pode sentir prazer ao dominar amplamente uma leitura.

Quando se tira, das salas de crianças de oito e nove anos, livros amplamente ilustrados, pensando que as ilustrações são necessárias apenas para as crianças que ainda não estão alfabetizadas, está se cometendo esse equívoco. As ilustrações não são apenas apoio para leitura, mas fazem parte do livro, ampliam as linguagens presentes nele e são formas de arte, constituindo uma linguagem para além do texto.

Os autores franceses Anne-Marie Chartier, Christiane Clesse e Jean Hébrard (1996, p. 96), no livro *Ler e escrever – entrando no mundo da escrita*, afirmam:

> As crianças não deixam de gostar dos álbuns pela magia de um ingresso na grande escola. Da mesma forma, podem sentir prazer em descobrir livros que só dominarão nos próximos anos. Buscando "acertar no alvo" de um nível de competência ou um domínio de interesse suposto, faz-se com que cada leitor tivesse um e apenas um "nível de leitura", quando crianças e adultos muitas vezes gostam de frequentar textos com exigências variadas.

Definir que existe um nível de leitura para cada leitor é de certa maneira *didatizar* a leitura literária, desconsiderando o caminho do leitor, que oscila entre o prazer da releitura e da descoberta de novidades.

Como escolher as leituras?

Saber escolher o que vai ler é exercer um comportamento leitor e faz parte do trabalho da escola ensinar seus alunos a escolherem suas leituras, desenvolvendo atividades que possam explicitar a eles alguns critérios de escolha. Quais seriam essas atividades?

Em primeiríssimo lugar, é preciso que a leitura literária seja inserida como uma atividade permanente na rotina escolar. Ler todos os dias para os alunos, selecionando textos diversos: poemas, contos, romances, novelas, crônicas, contos breves, histórias em quadrinhos, faz com que os alunos ampliem seu repertório, podendo também distinguir o estilo ou gênero literário de que mais gostam, os autores preferidos, os temas pelos quais se interessam (ainda que seja por um período, pois sabemos como os gostos dos alunos vão mudando à medida que eles crescem ou atravessam diferentes fases).

É papel fundamental do professor e da escola garantir esse momento de leitura literária na rotina de modo que ele apresente uma diversidade de textos. Ao apresentá-los, é de extrema importância que o professor ressalte para os alunos, não importando a idade que eles tenham, o porquê daquela escolha – quais foram os critérios que levou em conta ao selecionar aquele texto para a turma. Foi o autor, o gênero, o tema? Como o próprio professor ficou encantado com o livro? Foi a leitura de uma crítica lida no jornal, a dica de um colega? Enfim, ao explicitar seus critérios para os alunos, o professor também os ensina a refletir sobre o que considerar na hora de escolher suas leituras.

A circulação de dicas literárias também é muito importante para que os alunos tenham acesso aos livros lidos por outros, mas que ainda não conhecem. Organizar murais literários, caixa de dicas, escrita de resenhas, trocas de leituras entre as turmas são propostas interessantes.

Uma dica do professor também pode ajudar os alunos a fazerem suas escolhas futuras. Para as crianças encantadas com os contos de fadas, por que não propor contos de Grimm menos conhecidos? Há muitas histórias diferentes em antologias completas.

Como compartilhar leituras solitárias e pessoais

A leitura solitária e íntima do aluno na escola nos coloca essa questão. É justamente por estarmos na escola que nos preocupamos com a formação do leitor. As leituras gratuitas, por prazer, devem ser não só estimuladas, como garantidas.

Para além da leitura nos intervalos entre aulas, com os livros retirados espontaneamente pelo aluno na biblioteca, estamos propondo algo diferente: uma leitura escolhida pelo aluno a ser lida, inclusive dentro da grade curricular, em momentos destinados à leitura de livre escolha. Simplesmente porque ele quer *aquele* livro, porque lhe interessa o tema, o autor, algum personagem, a história.

Não é porque a leitura é solitária que não há meios de estimular a troca entre leitores. Observando as escolhas que os alunos fizeram, por exemplo, o professor pode compor alguns grupos de discussão, sugerindo pontos comuns entre os livros. Poderá pedir que os alunos escolham uma parte do livro para lerem ao pequeno grupo, ou para contar. Pode sugerir que aconteçam dicas literárias, do tipo: para quem você sugere esta leitura; ou ainda, organizar murais literários na classe, com informações e opiniões sobre as leituras realizadas. Dessa maneira, cria-se um clima leitor na sala de aula, em que os alunos podem compartilhar suas leituras e estabelecer uma relação especial com os colegas: mediada pelos livros.

OITAVO MITO
Ler é sempre prazeroso

Até mesmo em um casal amoroso, expressão mais reduzida da sociedade, nós, seres humanos, vivemos ambiguamente nossa relação com os outros.

Daniel Goldin

Ultimamente, há uma crescente associação da leitura ao prazer. Numa tentativa de angariar mais e mais leitores, passou-se a difundir, na sociedade em geral, a ideia de que ler é sempre prazeroso. É uma tentativa de trazer uma nova perspectiva para a leitura, retirando-a do contexto puramente estudantil ou relacionado à lição e associando-a à fruição, inclusive dentro da escola.

Imagens na mídia e nos programas de estímulo e promoção de leitura costumam trazer crianças voando, sorridentes, em cima de livros; crianças balançando felizes, voando igualmente felizes, seguras no ar por um livro; pessoas em um parque, lendo; crianças sorrindo e compartilhando uma leitura no colo de suas mães etc.

Embora a abordagem em relação à leitura como prazer seja preponderante nos dias de hoje, é possível perceber, ao olhar para nossa própria experiência como leitores, que a leitura provoca uma infinidade de emoções. Não sentimos só prazer quando lemos. Podemos nos sentir acuados por um texto, desafiados, aborrecidos ou entediados. Abandonamos os livros com os quais não conseguimos dialogar, lutamos com as leituras mais difíceis e ficamos felizes por conseguir avançar e conhecer, por exemplo, a escrita de um clássico, depois de muito trabalho.

A ideia de que ler é sempre prazeroso esconde uma série de aproximações distintas com a leitura, e pode dar a impressão de que ler é sempre fácil – é rápido, gostoso como comer um chocolate ou voar num balanço –, quando nem sempre é assim. Mesmo voar em um balanço requer esforço, aprendizado, conquista de habilidades. O leitor em formação pode se sentir enganado ao encontrar algo diferente do prazer imediato ao abrir um livro. Pode se sentir ludibriado e querer desistir da leitura que não lhe ofereceu o prometido e conhecido prazer.

Em suas obras, o professor, linguista e pesquisador Luiz Percival Leme Britto (2007) discute a relação entre literatura, conhecimento e liberdade, apontando para o fato de que a experiência com a literatura, muito além do prazer, permite o contato com experiências muito profundas da vida, como a morte, aspecto inexorável da nossa condição humana.

Nesse sentido, e como disse o escritor e filósofo italiano Umberto Eco, a literatura luta contra o efêmero – o efêmero do prazer, do entretenimento, do consumo rápido, aquele que nem bem foi realizado e o mundo já nos acena com mais objetos "necessários", criando desejos instantâneos, que, consumados, não trazem grande satisfação.

A literatura talvez ainda seja o espaço no qual podemos viver a introspecção, o silêncio, a solidão, o pensar sobre nossa condição no fluxo diário da vida. Isso não é pouco. E também não é bem de prazer que estamos falando aqui. Formar leitores é procurar apresentar esse circuito a eles, inseri-los nesse contato especial com o que a humanidade já viveu e já pensou sobre si mesma. Segundo Antonio Candido (2011, p. 176):

> a literatura aparece claramente como manifestação universal de todos os homens em todos os tempos. Não há povo e não há homem que possa viver sem ela, isto é, sem a possibilidade de entrar em contacto com alguma espécie de fabulação. Assim como todos sonham todas as noites, ninguém é capaz de passar as vinte e quatro horas do dia sem alguns momentos de entrega ao universo fabulado.

Mesmo o que é prazeroso precisa ser planejado

Na escola, as atividades de leitura devem ser planejadas, considerando a clareza de seus propósitos. Algumas pretendem divertir; outras são escolhidas para serem compartilhadas porque achamos um texto belo, agradável, gostoso de ler; algumas são desafiantes, como a leitura de um texto mais denso; ou ainda, a leitura de um texto destinado ao estudo.

Ler um texto com antecedência, pensar como aquele texto nos convoca, porque levá-lo ao grupo de alunos, com que objetivos, tudo isso deverá ser levado em conta pelo professor. Considerar como vai apresentar o texto, quais relações seus alunos poderiam estabelecer com ele e como poderá ser a conversa final, tudo isso é importante de ser previsto e planejado.

O prazer da leitura não leva à gratuidade da ação. Muitas vezes, presenciamos situações em que uma professora simplesmente tirou um livro da estante porque "sobrou tempo" para ler, sem que tivesse planejado aquele momento, sem saber ao certo o que iria ler – o tema, a abordagem, a relação com o grupo de alunos. Imaginem o que mostramos às crianças a respeito do valor que damos à leitura, quando lemos apenas quando sobra tempo?

Nessas situações improvisadas, já observamos momentos constrangedores, como uma professora que, certa vez, pegou um livro cujas páginas finais estavam arrancadas. Ela teve que inventar um final, como tentativa de não frustrar ainda mais os alunos – e ela mesma. Ou, então, uma professora que escolheu um livro desconhecido, que falava sobre a origem dos bebês. À medida que lia, foi ficando tão envergonhada que resolveu terminar logo, inventando qualquer coisa que a livrasse da "saia justa".

Outra questão muito importante que diz respeito ao planejamento é que, na escola, uma leitura literária feita pelo professor não acontece de forma isolada das outras. Há que se considerar um percurso, um plano de leituras a partir do que os alunos já leram, para onde vão, o que falta mostrar a eles em termos da produção literária. Tudo isso faz parte de um planejamento maior a ser realizado pelo professor, apoiado pelo coordenador pedagógico e pela equipe escolar, considerando que os roteiros de leitura devem seguir o plano geral da escola e conversarem entre si.

PARA CONTINUAR A CONVERSA

NADA É IMPOSSÍVEL DE MUDAR

Desconfiai do mais trivial, na aparência singelo.
E examinai, sobretudo, o que parece habitual.
Suplicamos expressamente: não aceiteis o que é de hábito como coisa natural, [...] nada deve parecer natural, nada deve parecer impossível de mudar.

Bertolt Brecht

A escola e a sociedade assumem, hoje, o discurso da importância da leitura literária e da necessidade de as crianças se formarem leitoras proficientes, de modo a poderem encontrar na literatura um valor subjetivo. No entanto, sabemos que essa consonância de ideias nem sempre se reflete diretamente em uma transformação efetiva das práticas escolares.

Neste livro, quisemos trazer à tona uma discussão sobre práticas de leitura literária que observamos nas escolas, em nossos anos como professoras e formadoras de educadores. Práticas que vimos tantas vezes se repetirem, mescladas com novas atitudes, mas ainda carregadas de antigas concepções de leitura e de abordagem de literatura na escola. Foram essas práticas que chamamos de mitos. Acreditamos que questioná-los e desconstruí-los abre as portas para a reflexão crítica dos professores, o que, esperamos, acarrete mudanças em seu trabalho.

Nossa ideia é promover nos leitores uma postura reflexiva em relação a tudo o que fazem na escola. O questionamento, sempre complexo, sobre "onde as práticas estão ancoradas?" pode nos ajudar a pensar se aquilo que fazemos de fato cumpre nossos objetivos de ensino de sujeitos reais. Crianças de carne e osso, com suas necessidades e histórias pessoais, que devem ser respeitadas e consideradas. Buscamos, assim, iluminar essas práticas e sugerir alternativas, seja de modo direto ou por meio de questionamentos desses mitos.

Acima de tudo, instamos os leitores a assumir a postura que Brecht (2003) tão bem traduziu em seu poema "Nada é impossível de mudar". É preciso que "não aceitemos o que é de hábito como coisa natural [...] nada deve parecer natural, nada deve parecer impossível de mudar".

Sabe-se que a escola é centro de formação de leitores, tarefa que cumpre por meio das ações dos educadores que ali atuam. A terceira edição da pesquisa "Retratos da leitura no Brasil" discute o papel da escola nessa importante tarefa, revelando que:

> O número de leitores estudantes que nas duas últimas edições foi cerca de duas vezes maior do que o da população fora da escola, o que nos possibilitou concluir que a distribuição de livros didáticos para estudantes de todo o ensino básico, incluindo o en-

> sino médio a partir de 2005, contribuiu para que se leia mais quando se está na escola. Essa condição confirmada aponta para um caminho que pode ser estratégico: identificar ações efetivas para conquistar esses leitores, que leem por obrigação enquanto estão na escola. (FAILLA, 2012, p. 30-31)

Se a escola é, hoje, o principal dispositivo de formação de leitores no Brasil, é imperativo que as ações e as posturas dos educadores, de fato, sustentem e se alinhem às concepções que estão presentes nos mais arrojados discursos atuais. Algumas delas foram amplamente discutidas ao longo deste livro:

- A leitura mediada pelo professor, como forma de acesso das crianças à literatura, desde a mais tenra idade. Foi o que apontamos no primeiro mito, evidenciando a necessidade de o professor ser, ele mesmo, um leitor, que compartilha seus comportamentos com as crianças.
- O acesso aos livros, com sua presença garantida nas bibliotecas escolares e efetivamente disponíveis para todas as crianças da escola, como discutido no segundo mito.
- A importância de o professor escolher e apresentar bons livros às crianças: textos e ilustrações que dialoguem com as experiências dos alunos e as ampliem; que considerem as crianças como interlocutoras potentes desde os primeiros anos da educação infantil. Estes foram assuntos tratados nos terceiro, quarto e quinto mitos.

- A abordagem da leitura como prática social, que abrange o trabalho com os comportamentos leitores, o conhecimento do professor sobre a função da literatura e a necessidade de se tratar a leitura na escola tal qual ela acontece fora dela – temas preponderantes no sexto mito.

- Práticas escolares que tomem o aluno como protagonista de seu processo de formação leitora, o que inclui que ele tenha autonomia em suas escolhas e possa considerar suas preferências e os propósitos das leituras, como discutimos no sétimo mito.

- Finalmente, compreender a leitura como um processo complexo, que envolve as diferentes aproximações com o livro, a atribuição de sentidos próprios e a relação dos leitores com o que leem. A leitura pode se configurar como prazer ou embate, mas, preferencialmente, que seja sempre uma aventura. Foi disso que tratamos no oitavo mito.

Esperamos que os questionamentos mobilizem novas reflexões e transformações das práticas escolares, alterando modos naturalizados de docências. Desejamos que os educadores se lancem ao desafio de criar novas ações, que promovam uma relação efetiva e duradoura entre as crianças e os livros, contribuindo assim com a formação desses leitores, desde pequenos.

Sabemos que muitas das perguntas ainda não têm respostas – não existe uma única receita para formar leitores –, mas há muitas possibilidades de se chegar a elas.

Sabemos, também, que inúmeras respostas terão que ser construídas, inventadas, criadas, junto ao grupo de crianças que cada professor coordena. E isso se faz a cada dia, um caminho que se faz ao caminhar, como no poema "Caminante"[7], do poeta espanhol Antonio Machado (2006).

Caminhante
Caminhante, são tuas pegadas
O caminho, e nada mais;
Caminhante, não há caminho,
Se faz o caminho ao andar.
Ao andar se faz caminho
E ao olhar para trás
Vemos a senda que nunca
Voltaremos a pisar.
Caminhante, não há caminho,
Apenas uma trilha no mar.

7 *Caminante, son tus huellas/ el caminho/ y nada mas;/ Caminante, no hay camino;/ se hace el camino al andar./ Al andar se hace camino/ Y al volver la vista atrás/ e ve la senda que nunca/ se ha de volver a pisar./ Caminante, no hay camino,/ si no estelas en la mar.* Tradução de Josca Ailine Baroukh

Referências bibliográficas

ABREU, Casimiro de. *Obra completa*. Rio de Janeiro: G. Ermakoff, 2010.

ANDRADE, Carlos Drummond de. *Antologia poética*. Rio de Janeiro: Record, 2001.

_____. *Discurso de primavera e algumas sombras*. São Paulo: Cia. das Letras, 2014.

ANDRUETTO, Maria Teresa. *Por uma literatura sem adjetivos*. São Paulo: Pulo do Gato, 2012.

AZEVEDO, Ricardo. A didatização e a precária divisão de pessoas em faixas etárias: dois fatores no processo de (não) formação de leitores. In.: PAIVA, A. et al. *Literatura e letramento: espaços, suportes e interfaces – o jogo do livro*. Belo Horizonte: Autêntica, 2003. Disponível em: <http://www.ricardoazevedo.com.br/wp/wp-content/uploads/A-didatizacao-e-a-precaria-divisao-de-pessoas-em-faixas-etarias.pdf>. Acesso em: 22 jun. 2015.

_____. *Você diz que sabe muito, borboleta sabe mais!* São Paulo: Moderna, 2007.

BACCEGA, Maria Aparecida. Mediação organizativa: o campo da produção. *Comunicação & Educação*. São Paulo: CCA-ECA-USP/Moderna, n. 17, p. 7-16, jan.-abr. 1998.

BAJOUR, Cecília. *Ouvir nas entrelinhas – o valor da escuta nas práticas de leitura*. São Paulo: Pulo do Gato, 2012.

BAUER, Jutta. *Mamãe zangada*. São Paulo: Cosac Naify, 2008.

BETHÂNIA, Maria. *Maricotinha ao vivo*. Rio de Janeiro: Biscoito Fino, 2002. 2 CD.

BETTELHEIM, Bruno. *A psicanálise dos contos de fadas*. Rio de Janeiro: Paz e Terra, 1980.

BONNAFÉ, Marie; PARRA, Evelio Cabrejo; DEFOURNY, Michel. *Premiers récits, premières conquêtes: une littérature au berceau*. Paris: A.C.C.E.S., 2007.

BRASIL. *Lei no 12.244, de 24 de maio de 2010*. Disponível em: <http:

//www.planalto.gov.br/ccivil_03/_Ato2007-2010/2010/Lei/L12244.htm>. Acesso em: 22 jun. 2015.

_____. Ministério da Educação. Pacto Nacional da Alfabetização na Idade Certa. *Entenda o Pacto*. Disponível em: <http://pacto.mec.gov.br/o-pacto>. Acesso em: 22 jun. 2015.

_____. Ministério da Educação. *Programa Nacional Biblioteca da Escola*. Disponível em: <http://portal.mec.gov.br/index.php?option=com_content&view=article&id=12368:programa-nacional-biblioteca-da-escola&catid=309:programa-nacional-biblioteca-da-escola&Itemid=574>. Acesso em: 30 jun. 2015.

_____. Ministério da Educação. *Programa Nacional da Alfabetização na Idade Certa*. Disponível em: <http://portal.mec.gov.br/index.php?option=com_docman&task=doc_downloa&gid=11268&Itemid=>. Acesso em: 22 jun. 2015.

_____. Ministério da Educação e do Desporto, Secretaria de Educação Fundamental. *Referencial curricular nacional para a educação infantil*. Brasília: MEC/SEF, 1998. V. 3: Conhecimento de mundo.

_____. Ministério da Educação e do Desporto, Secretaria de Educação Fundamental. *Parâmetros curriculares nacionais: língua portuguesa*. Brasília: 1997.

BRECHT, Bertold. *Poemas 1913-1956*. São Paulo: Editora 34, 2003.

BRENMAN, Ilan. *Através da vidraça da escola – formando novos leitores*. São Paulo: Casa do Psicólogo, 2005.

BRESCIANE, Ana Lúcia. "Era uma vez" para crianças pequenas. *Revista Avisalá*, São Paulo, n. 27, jul. 2006. Disponível em: < http://avisala.org.br/index.php/assunto/reflexoes-do-professor/era-uma-vez-para-criancas-pequenas/>. Acesso em: 22 jun. 2015.

BRITTO, Percival Leme. Sobre o processo de formação do gosto e a constituição do sujeito leitor. In: INSTITUTO C&A. *Prazer em ler*. São Paulo: Cenpec, 2007. v. 2.

BRULEY, Marie-Claire; PAINSET, Marie-France. *Au bonheur des comptines*. Paris: Didier, 2007.

_____. *Contra o consenso. Cultura escrita, educação e participação*. Campinas, SP: Mercado de Letras, 2003.

CALVINO. Ítalo. *Fábulas italianas*. São Paulo: Companhia das Letras, 1998.

CANDIDO, Antonio. O direito à literatura. In: *Vários escritos*. São Paulo: Ouro sobre Azul, 2011.

CARDON, Laurent. *Flop*. São Paulo: Panda Books, 2012.

CARROLL, Lewis. *Alice no país das maravilhas*. São Paulo: Cosac Naify, 2015.

CARVALHO, Ana Carolina. Que conversa é essa depois da leitura? *Revista Avisalá*, São Paulo, n. 58, maio 2014.

CARRIERE, Jean-Claude. *O círculo dos mentirosos – contos filosóficos do mundo inteiro*. São Paulo: Códex, 2004.

CASTRILLÓN, Silvia. *O direito de ler e de escrever*. São Paulo: Pulo do Gato, 2012.

CHARTIER, Anne-Marie; CLESSE, Christiane; HÉBRARD, Jean. *Ler e escrever – entrando no mundo da escrita.* Porto Alegre: Artes Médicas, 1996.

CHARTIER, Roger. Textos, impressos, leituras. In: *História cultural: entre práticas e representações*. Rio de Janeiro: Bertrand Brasil, 1990.

CHIODETTO, Eder. *O lugar do escritor*. São Paulo: Cosac Naify, 2002.

COLOMER, Teresa. *Andar entre livros – a leitura literária na escola.* São Paulo: Global, 2007.

DARNTON, Robert. *O grande massacre de gatos*. São Paulo: Graal, 2011.

DONALDSON, Julia; SCHEFFLER, Axel. *O Grúfalo.* São Paulo: Brinque-Book, 1999.

ECO, Umberto. A literatura contra o efêmero. *Folha de S.Paulo*, São Paulo, 18 fev. 2001. Disponível em: <http://biblioteca.folha.com.br/1/02/2001021801.html>. Acesso em: 22 jun. 2015.

FAILLA, Zoara (org.). *Retratos da leitura no Brasil 3*. São Paulo: Imprensa Oficial do Estado de São Paulo: Instituto Pró-Livro, 2012.

FAULKNER, Keith. *O sapo bocarrão.* São Paulo: Companhia das Letrinhas, 1996.

FERREIRO, Emília. *Passado e presente dos verbos ler e escrever*. São Paulo: Cortez, 2002.

FNDE. Fundo Nacional de Desenvolvimento da Educação. Assessoria de Comunicação Social do FNDE. *Alfabetização na Idade Certa terá mais literatura em sala de aula*. Brasília: 5 jun. 2013. Disponível em: <http://www.fnde.gov.br/fnde/sala-de-imprensa/noticias/item/4579-alfabetiza%C3%A7%C3%A3o-na-idade-certa-ter%C3%

A1-mais-literatura-em-sala-de-aula>. Acesso em: 22 jun. 2015.

FREIRE, Madalena. *A paixão de conhecer o mundo*. Rio de Janeiro: Paz e Terra, 1983.

GARCIA, Bruno; NASCIMENTO, Cristiane; SANTOS, Joice. Mia Couto – O rico contador de histórias. *Revista de História*, 1 fev. 2014. Disponível em: <http://www.revistadehistoria.com.br/secao/entrevista/mia-couto>. Acesso em: 22 jun. 2015.

GARRALÓN, Ana. A arte de conversar com as crianças sobre as suas leituras. *Revista Emília*. São Paulo, fev. 2012. Disponível em: <http://www.revistaemilia.com.br/mostra.php?id=135>. Acesso em: 22 jun. 2015.

GOLDIN, Daniel. *Os dias e os livros*. São Paulo: Pulo do Gato, 2012.

HORTÉLIO, Lydia. Sonho com o tempo em que poderemos falar em integração nacional através da cultura da criança. In: INSTITUTO Alana. *Criança e Consumo Entrevistas – a importância do brincar.* São Paulo, 2010. Disponível em: <http://criancaeconsumo.org.br/wp-content/uploads/2014/02/Crian%C3%A7a-e-Consumo-Entrevistas-Vol-5.pdf>. Acesso em: 26 jun. 2015.

HOUAISS, Antônio. *Houaiss eletrônico*. Rio de Janeiro: Objetiva, 2009. 1 CD.

INEP. Instituto Nacional de Estudos e Pesquisas. Censo Escolar 2013. Disponível em:<http://www.qedu.org.br/brasil/censo-escolar?year=2013&dependence=0&localization=0&item>. Acesso em: 22 jun. 2015.

IZUMI, Ralph. Pnaic: o desafio da alfabetização na idade certa. *Plataforma do Letramento*, 16 abr. 2015. Disponível em: < http://www.plataformadoletramento.org.br/em-revista/266/pnaic-o-desafio-da-alfabetizacao-na-idade-certa.html>. Acesso em: 30 jun. 2015.

LAJOLO, Marisa. O texto não é pretexto. In: ZILBERMAN, R. *Leitura em crise na escola: as alternativas do professor*. Porto Alegre: Mercado Aberto, 1982.

LOPES, Maria Graciete Carramate; PAULINO, Roseli A. Figaro. *Discurso e formação de valores nas canções de ninar e de roda*. Disponível em: <http://www.intercom.org.br/papers/nacionais/2009/resumos/R4-3267-1.pdf>. Acesso em: 26 jun. 2015.

MACHADO, Ana Maria. *Como e por que ler os clássicos universais desde cedo*. Rio de Janeiro: Objetiva, 2002.

MACHADO, Antonio. *Campos de Castilla*. Madrid: Cátedra, 2006.

MANGUEL, Alberto. *A biblioteca à noite*. São Paulo: Companhia das Letras, 2006.

_____. *Uma história da leitura*. São Paulo: Companhia das Letras, 2006.

MEDRANO, Sandra. *Primeira infância e a cultura escrita. O papel da leitura e dos livros*. São Paulo: Blooks Livraria, 28 mar. 2015. Informação verbal proferida em palestra.

MENEZES, Ebenezer Takuno de; SANTOS, Thais Helena dos. "Paradidáticos" (verbete). *Dicionário interativo da educação brasileira – EducaBrasil*. São Paulo: Midiamix Editora, 2002. Disponível em: <http://www.educabrasil.com.br/eb/dic/dicionario.asp?id=143>. Acesso em: 22 jun. 2015.

MORAES, Odilon. *A princesinha medrosa*. São Paulo: Cosac Naify, 2009.

MUSEU DA PESSOA. *Projeto Memórias da Literatura Infantil e Juvenil*. São Paulo: Editora Peirópolis, 2009. Disponível em: <http://www.museudapessoa.net/public/editor/memoriasliterarias_8dez2009-final.pdf>. Acesso em: 22 jun. 2015.

PESSOA, Fernando. *O guardador de rebanhos*. São Paulo: Princípio, 1997.

_____. Naufrágio de Bartolomeu. *Teatro: Revista de Crítica*, Lisboa, n.1, mar. 1913.

REYES, Yolanda. Como escolher boa literatura para crianças? Buscando critérios para a escolha de livros. *Revista Emília*, São Paulo, set. 2011. Disponível em: <http://www.revistaemilia.com.br/mostra.php?id=9>. Acesso em: 22 jun. 2015.

RIBEIRO, João Ubaldo. Memória de livros. In: *Um brasileiro em Berlim*. Rio de Janeiro: Nova Fronteira, 1995.

ROBLEDO, Beatriz Helena. Avaliação e seleção de livros – animação e promoção de leitura. *Revista Emília*, São Paulo, dez. 2012. Disponível em: <http://www.revistaemilia.com.br/mostra.php?id=267>. Acesso em: 22 jun. 2015

ROSA, João Guimarães. *Grande sertão: veredas*. Rio de Janeiro: Nova Fronteira, 2006.

SARTRE, Jean-Paul. *As palavras*. São Paulo: Difusão Europeia do Livro, 1964.

SMITH, Frank. *Compreendendo a leitura*. Porto Alegre: Artmed, 2003.

TATAR, Maria. *Contos de fadas – edição comentada e ilustrada*. Rio de Janeiro: Zahar, 2004.

VYGOTSKY, Lev Semenovick. *A formação social da mente*. São Paulo: Martins Fontes, 1998.

As autoras

ANA CAROLINA CARVALHO

É psicóloga (USP) e mestre em educação (Unicamp). Atua como formadora de gestores e professores da educação infantil pelo Instituto Avisa Lá (SP). Assessora na área de leitura e formação de leitores em redes públicas, particulares e editoras, é autora dos livros *Contos de irmãos: histórias de coragem, aventura e astúcia* (selecionado para o Catálogo de Bolonha de 2010), *Dez contos do além-mar* (selecionado pela FNLIJ para o acervo básico de 2011) e *A conta-gotas* (Prêmio Barco a Vapor 2014).

JOSCA AILINE BAROUKH

É psicóloga (USP), mestranda em educação (USP), com especialização para professores de educação infantil e ensino fundamental no Espaço Pedagógico (SP). Desde 1999, trabalha com formação continuada de gestores e professores da educação infantil e do ensino fundamental, ministrando cursos, oficinas e palestras e prestando assessoria pedagógica a escolas da rede pública e privada, bem como a ONGs. Atualmente é coordenadora do curso de pós-graduação "Crianças de 0 a 3 anos: formação de profissionais para as infâncias do Brasil", do Instituto Singularidades. É autora de *Parlendas para brincar* e *O penico do bebê*, ambos da Panda Books, e coordenou a Coleção Interações (Blucher).